艺术体育
高校学术研究论著丛刊

大学生体质健康干预与科学健身方略研究

刘宁宁 著

中国书籍出版社
China Book Press

图书在版编目(CIP)数据

大学生体质健康干预与科学健身方略研究 / 刘宁宁著. -- 北京：中国书籍出版社，2021.7
ISBN 978-7-5068-8602-4

Ⅰ. ①大… Ⅱ. ①刘… Ⅲ. ①大学生－身体素质－健康教育－研究②大学生－健身运动－研究 Ⅳ. ①G807.4②G806

中国版本图书馆 CIP 数据核字(2021)第 158464 号

大学生体质健康干预与科学健身方略研究

刘宁宁 著

丛书策划	谭 鹏 武 斌
责任编辑	成晓春
责任印制	孙马飞 马 芝
封面设计	东方美迪
出版发行	中国书籍出版社
地 址	北京市丰台区三路居路 97 号（邮编：100073）
电 话	(010)52257143（总编室） (010)52257140（发行部）
电子邮箱	eo@chinabp.com.cn
经 销	全国新华书店
印 厂	三河市德贤弘印务有限公司
开 本	710 毫米×1000 毫米 1/16
字 数	246 千字
印 张	15
版 次	2022 年 7 月第 1 版
印 次	2022 年 7 月第 1 次印刷
书 号	ISBN 978-7-5068-8602-4
定 价	78.00 元

版权所有 翻印必究

目 录

第一章　科学健身与体质健康 ·· 1
　第一节　体质与健康 ··· 1
　第二节　体质健康的影响因素 ··· 6
　第三节　科学健身对人体健康的影响 ···································· 14

第二章　大学生体质测评与健康现状 ·· 17
　第一节　大学生体质测评内容与方法 ···································· 17
　第二节　大学生体质特征与健康现状分析 ······························ 28
　第三节　大学生群体的健康问题 ·· 35

第三章　大学生体质健康干预方式与手段 ································· 44
　第一节　学校体育教育干预 ·· 44
　第二节　家庭健康教育干预 ·· 49
　第三节　社会医疗保障干预 ·· 53
　第四节　构建家庭、学校、社会"三位一体"的体质健康干预
　　　　　模式 ··· 57

第四章　大学生心理健康与干预 ·· 62
　第一节　大学生心理发展的特点 ·· 62
　第二节　大学生心理健康的标准与影响因素 ··························· 65
　第三节　大学生常见心理问题与原因分析 ······························ 71
　第四节　大学生健康心理的科学培养 ···································· 77
　第五节　大学生心理疾病与心理治疗 ···································· 82

第五章　大学生科学健身原理与方法 ·· 90
　第一节　大学生科学健身原则与方法 ···································· 90

第二节　大学生科学健身计划……………………………… 97
　　第三节　大学生常见健身手段……………………………… 100
　　第四节　大学生四季运动健身……………………………… 104
　　第五节　大学生科学健身的安全与保健…………………… 105

第六章　大学生科学健身的实用运动处方………………………… 117
　　第一节　科学制订健身处方………………………………… 117
　　第二节　有氧运动处方……………………………………… 125
　　第三节　运动减肥处方……………………………………… 126
　　第四节　运动康复处方……………………………………… 128
　　第五节　筋膜健身处方……………………………………… 135

第七章　大学生体能锻炼方略……………………………………… 153
　　第一节　增强肌肉力量的锻炼方略………………………… 153
　　第二节　提高速度的锻炼方略……………………………… 162
　　第三节　增加柔韧性的锻炼方略…………………………… 168
　　第四节　改善心肺耐力的锻炼方略………………………… 172

第八章　大学生强身健体之球类运动健身方略…………………… 176
　　第一节　篮球健身…………………………………………… 176
　　第二节　足球健身…………………………………………… 184
　　第三节　羽毛球健身………………………………………… 193
　　第四节　毽球健身…………………………………………… 197

第九章　大学生修身塑体之操舞类运动健身方略………………… 201
　　第一节　健美操健身………………………………………… 201
　　第二节　体育舞蹈健身……………………………………… 215
　　第三节　街舞健身…………………………………………… 219
　　第四节　瑜伽健身…………………………………………… 224

参考文献……………………………………………………………… 232

第一章　科学健身与体质健康

当今社会科学技术迅速发展,各种先进的科学技术在社会各个领域都得到了广泛的应用。但是,人们在获得科学技术带来的实惠和便利的同时"社会文明病"也日益频发。这一问题已引起人们越来越多的关注。大量的实践与事实表明,科学参加体育运动锻炼对于人的体质的增强具有极为显著的效果。

第一节　体质与健康

一、体质的概念与内涵

(一)体质的概念

关于体质的概念其实很好理解。体质简单而言就是指人体的质量,指人体各方面发展的质量。进一步深究,我们还可以将体质理解为,体质是人体在先天的遗传性和后天的获得性基础上所表现出来的形态结构、生理功能、心理发展、身体素质、运动能力等方面综合的、相对稳定的特征。

(二)体质的内涵

(1)人体可以说是一个大的系统,属于一个有机整体,这一系统内涵盖着各种要素。在人体的系统中,体质是该系统各种能力的一种综合体现。我们可以将体质理解为它是人们学习、生活和工作的物质基础。只有人的体质发展了,其他方面才有发展的可能,可以说体质起着重要的保障作用。

(2)体质主要包括身体与心理素质两个方面,这两个方面的联系非常密切,这与动物之间有着重大区别。

(3)体质的发展承认遗传因素,也重视后天因素塑造的重要性。对不同种族、民族、地域以及不同性别、年龄的人群和个体,其体质发展既有规律性,又有特殊性,不应是完全相同的形式。

(4)体质的评价要综合考虑各个方面,不能忽略了任何一方面的发展。

(5)体质重点强调两个方面:一方面身体素质和运动能力是体格发育与生理功能的外在表现;另一方面科学合理的锻炼能促进体格发育和生理功能的能动效应。

(6)伴随着人们认识水平的不断提高,人们对体质概念的认识也越来越深入。需要注意的是,不管在什么时候,体质概念所反映的通常只是对当时现实的概括,不是人们认识的终结,随着人们认识水平的提高,人们对于体制概念的认识也会更加深入和透彻。

(7)关于体质概念的研究并不是一件轻松的事情,这一研究也是没有尽头的。从其研究领域来说,各学科纵横交错,相互之间有着非常紧密的联系。因此,我们一定要对体质进行跨学科、跨专业、跨区域综合研究。[1] 同时在研究的过程中,还要充分借鉴其他研究领域的成果,避免出现片面性的情况。

二、健康的概念与内涵

(一)健康的概念

受认识水平所限,古代人们对于健康的认识还是非常肤浅的,仅仅将健康认为是"没有疾病"。后来,伴随着社会生产力的发展和进步,人们对于健康的认识才得以逐步深入。发展到现在,现代健康观念受到人们的重视,人们逐渐将身体、精神和社会统一起来进行认识,出现了新的健康观。这说明了时代的发展和进步,也说明了人的思想观念的更新和

---

[1] 刘星亮.体质健康概论[M].武汉:中国地质大学出版社,2010:29.

进步。

世界卫生组织曾经指出:"健康不仅是没有疾病或虚弱,而且是个体在身体上、精神上、社会上的完满健康状态。"我们通常所说的健康应该包括躯体健康、心理健康、社会适应良好和道德健康等多方面的内容,以往那种仅认为健康是"没有疾病"的观念早已被人们抛之脑后。

伴随着现代社会的日益发展,健康的内涵也得到了极大的丰富。如今,现代健康观深刻体现在各个方面,如体力、形态、保健、技能、精神、卫生等,另外,任何与环境适应相关的内容也与健康之间有着密切的联系。

(二)健康的内涵

1. 生理健康

生理健康主要指的是人体各系统能够正常运行,各项器官的功能良好,能保证机体的正常运转。在以往,人们受认识水平所限,仅仅认为生理健康是无病,但随着后来人们认识水平的不断提升,体能也成为人的生理健康的一个重要标准。体能可以说是人们参加一切活动所需要的能力。人们具备了良好的体能就能有效预防与治疗各种疾病,促进生活质量的提高。一般情况下,人的体能都是通过坚持不懈的体育运动锻炼获得的。

通常来说,自然因素对人们的生理疾病会产生十分重要的影响。一方面,自然因素能为人们提供重要的物质和环境,提供人体所需的各种能量;另一方面,不良的自然环境会在一定程度上危害人们的身体健康。因此,为保证人类身体健康的发展,必须要保护好自然环境。当前,保护人类生活的自然环境不受破坏已成为全世界各国人民的共识。

2. 心理健康

一般来说,人的心理健康主要指性格、情绪、意志、态度、行为、适应能力等各方面的健康,如果以上几个方面出现了一定的问题,就说明人的心理健康或多或少地存在一些问题,需要及时地进行干预,以促进心理素质的健康发展。

总体而言,心理健康的人主要体现在以下三个方面:

第一,心理健康的人通常都具有完整的人格,在平时的生活、学习或工作中都有着稳定的情绪,自我感觉良好,具备较强的自控能力,不容易受外界不良刺激的影响。

第二,心理健康的人通常都拥有良好的人际关系,在与人交往的过程中能不骄不躁、不卑不亢,深受他人的信任和欢迎。

第三,心理健康的人通常都有明确的生活目标和规划,能够通过自身的努力去是实现这些目标,拥有良好的进取心和顽强拼搏的精神。

当今社会竞争激烈,因而导致有很多人都存在一定的心理问题。尽管有些人的心理状况并没有达到寻求心理治疗的程度,但是,在这样不良的心理环境下,久而久之,其身心健康也会受到一定程度的影响,因此需要引起重视。

目前,社会各界都比较重视人的心理健康的研究,逐渐认识到了心理健康对人的发展的重要性。人们对心理健康的研究也逐渐扩展至整个社会系统,大众心理健康成为当前一个重要的研究课题。伴随着时代的不断发展和进步,心理健康教育与管理也必将成为健康教育的重要内容。

3. 社会适应

要想快速地适应社会,提高自身的竞争力,就需要想方设法地增强自己的社会适应能力。一个具有较强的社会适应能力的人,通常能够与人友好相处,获得共同的发展。除此之外,具有良好的社会适应能力的人,还能在与人交往的过程中勇于表达自身的观点,善于倾听他人的意见,表现得不卑不亢、应付自如。

对于社会适应力较低的人来讲,他们在与人交往的过程中通常会表现出恐慌、无助,甚至会出现焦虑、压抑、愤怒等不良情绪。长期处于这样的情绪状态下,人的生理功能也会受到影响,从而导致各种生理疾病的发生。由此可见,良好的人际关系及社会适应力对于人的身心健康的重要性。

人们要想在社会上更好的生存与发展,就需要建立正确的人生观、世界观和价值观,能正确处理好个人与社会之间的关系,遵守既定的社会规则,养成良好的社会行为。总之,建立和形成良好的人际关系是十分重要的,只有如此才能更好地与人、与社会进行交往,从而提高自己的社会适应能力。

4. 道德健康

道德是指人们在为人处世中所要遵循的各种行为规范的总称。养成良好的道德品质对于一个人的发展而言具有非常重要的意义。因此，人们一定要在平时注意这方面的发展，要养成良好的道德素质，实现道德健康的目标。

道德品质可以说是一种社会意识形态。具有高尚道德品质的人，通常心理负担和烦恼较少，能够与人为乐、乐于帮人助他人，实现自己的价值。在这样良好的道德品质的影响下，人的心情就会变得十分愉悦，这能有效促进人体的抗病能力，保证人体的健康发展。

反之，如果一个人的道德素质不高，经常做出一些与社会规则或道德相违背的事情，长此以往就会出现一定的心理失衡，出现严重的心理问题，危害自身的健康。

5. 生殖健康

在当今社会背景下，人们还面临着严峻的生殖健康问题。生殖健康主要是指将与生殖有关的一些活动同对人体的生理、心理和社会适应诸方面联系起来，使之形成良好的健康状态。生殖健康问题在现代社会越来越受到重视。

生殖健康对人的全面健康发展具有重要的意义和作用。在平时的生活中，人们要注意这一方面的教育。人们要树立正确的生殖健康的观念和正确的性观念，同时还要做好性病、艾滋病等的预防工作，确保身体健康发展。

以上所述的几个方面都会对人的健康或多或少地产生影响，因此不能忽视了任何一方面的发展。在平时的生活中，人们要注重每一种健康要素，这样才能使得有机体获得全面的发展。

三、体质与健康的关系

受认识水平所限，有很多人对体质与健康概念的认识还不够深入，大多时候都会将这个概念混合起来使用。但是伴随着现代健康观念的研究的日益深入，人们对于体质与健康的认识也逐步深刻起来。关于体质与健康的区别，很多人也开始有了清晰的认识。

(一)体质与健康的联系

体质与健康的联系主要在于，增强体质和促进健康是统一的，人们通过参加各种各样的活动或利用各种手段促进体质的增强都是为了获得健康，而健康也是人们的最终追求。

伴随着人们认识水平的不断提升，人们对体质健康的认识也日益深入，人们对体质健康的认识不仅体现在对其概念、内涵的认识更加透彻，还充分体现在对体质健康的测试与评价有了更为宽泛的认识。人的体质强弱与人体形态发育、运动能力、心理状况等有着极为密切的联系。可以说，所有的生命活动都是以体质为物质基础的，而健康则是体质状况的集中反映。人们要想获得健康，就需要建立在良好的体质基础之上，只有体质增强了才有可能实现健康的目标。

(二)体质与健康的区别

我们可以从不同的范畴和侧面来研究与探讨人体的健康状况。从概念上来看，体质属于健康的重要内容之一，而健康则少不了体质发展的内容。与体质相比，健康的内涵要更为广泛，健康强调人们对自然环境和社会环境的适应，强调对各种生理与心理疾病的预防与治疗，强调良好的生活方式的养成等。

第二节 体质健康的影响因素

影响人的体质健康的因素有很多，其中生物遗传、家庭、学校、社会、环境、生活方式、医疗条件等因素对青少年体质的影响最大。在平时的生活中，要十分注重以上几个方面的影响因素。

一、生物遗传对青少年体质健康的影响

生物遗传是影响人的身体素质发展的重要因素，可以说，人类健康

直接受生物遗传因素的影响,人类很多疾病都是由生物遗传因素所决定的。由此可见,生物遗传因素对人类的体质健康十分重要。

例如,镰状细胞贫血症、血友病、蚕豆病、精神性痴呆等疾病与遗传因素有直接的关系,部分肿瘤、心血管疾病、糖尿病及某些精神障碍性疾病等疾病是遗传、环境和生活方式等各种因素综合作用的结果。因此,在发生体质健康问题时,需要综合考虑多方面的因素。

二、青少年个体对体质健康的影响

在青少年成长的过程中,个体因素也会对自身的体质健康产生非常重要的影响,这一影响主要表现在以下两个方面:

(一)个体心理

一般情况下,个体心理因素主要涉及以下几个方面的内容:

1. 意识

意识是心理因素的重要内容,只有具备了正确的体育锻炼的意识,青少年才能获得理想的身体素质。实际上,有一部分青少年缺乏必要的锻炼意识与习惯,不常参加体育锻炼甚至从没有参加过体育锻炼;还有一部分学生虽然偶尔参加体育锻炼,但由于自身运动能力有限,在锻炼中感到力不从心,难以获得理想的锻炼效果。在这样的情况下,青少年的身体素质很难获得好的发展。由此可见,建立正确的体育锻炼的意识是非常重要的。

2. 认知

认知主要指的是人们对某一事物或事件的看法。不同的人对同一件事物或事情都有不同的看法,因此面对一些事件时,不同的人会产生不同的情绪体验,进而引起不同的行为反应和后果。因此说,人的情绪和行为在很大程度上受到人自身思维与观念的影响。可见,建立正确的思想观念的重要性。

3. 人格

人格缺陷也在一定程度上影响着青少年的身心健康。大量的实践表明，人的性格类型与身心疾病的发病率之间存在一定的关系，个性与心理健康密切相关，良好的个性对身心健康非常有益，而不良的个性则容易导致各种身心疾病。由此可见，树立良好的人格的重要性。

（二）个人生活方式

个人生活方式也是影响青少年体质健康的重要因素。据调查发现，目前有很多青少年都存在着不良的生活方式，这对于青少年的体质健康是十分不利的。常见的不良生活方式主要有吸烟、喝酒、无节制的上网、吃垃圾食品、不按时作息等，以上因素都严重影响到青少年身体素质的发展，因此一定要引起高度重视。

三、家庭对青少年体质健康的影响

受计划生育政策的影响，目前我国有很多青少年都是独生子女，从小他们就备受家长的宠溺，在父母的长期的呵护之下，有很多青少年养成了懒惰、怕脏怕累的毛病，意志力较差，在遇到困难和挫折时不能独立自主地解决问题。

体育锻炼具有重要的促进体质增强的价值，但是由于很多青少年都没有养成良好的体育锻炼的习惯和意识，在这样的情况下，他们的体质也就难以获得良好的发展。一些家长认为体育锻炼有危险，所以只注重培养孩子德、智、美方面的素质，忽略了体育方面的培养，从而导致青少年体质越来越弱，这一点需要引起高度重视。

由此可见，建立一个良好的家庭体育锻炼的氛围是非常重要的。一个家庭的教育方式也会对青少年的发展产生至关重要的影响。一部分家长教育观念非常狭隘，对孩子的教育比较专制，通常采用简单粗暴的教育手段，这非常不利于青少年正确人格的养成。因此，家长一定要注意构建一个良好的家庭体育环境和氛围，在浓厚的体育环境下，有利于青少年养成积极参加体育锻炼的意识和习惯。

（一）家庭教育的影响

上面已经分析到，一个良好的家庭环境氛围会极大地影响青少年的身心健康发展。家庭教育在青少年的成长中扮演着十分重要的角色。

目前来看,我国很多家庭不太重视对孩子的健康教育,甚至还有一些对青少年身心健康发展有不良影响的现象出现在家庭中,如家庭教育方法不当直接影响学生身心发育与发展。家长为了让孩子在高考中取得好成绩,考上理想大学,将应试教育的模式搬到家庭教育中来,对智力教育过分关注,而对身心健康教育及体育教育则不够重视。有的家长过分溺爱孩子,有的家长又对孩子放任不管,长此以往,青少年的身心健康会受到不良影响,从而出现各种身心疾病。

家庭教育也会影响青少年的身心健康发展。通常情况下,家长的思想、行为会潜移默化地影响孩子,父母只有不断提升自身素质,积极主动地学习新知识,及时更新意识与理念,和社会时刻保持接轨,才能更好地促进下一代身心健康发展。品德高尚、心态平和的家长往往可以将各种复杂的人际关系处理好,这些家长教育出来的孩子往往也不会差。在高素质的家庭中成长起来的孩子,其发展会更全面、均衡,身心健康问题比较少,而且社会适应能力比较强。此外,家长与青少年是相互影响的,品质优秀的青少年也能给家长的思想与行为带来积极的影响。

总之,要想促进青少年身心健康发展,家长就要为其营造一个良好的家庭教育氛围。家长首先要从自我做起,不断提升自身的综合素质,为孩子树立良好的榜样,青少年长期在这样的家庭氛围下就会受到良好的熏陶,从而养成主动参与体育锻炼的良好习惯,这对于青少年体质的增强具有重要的意义和作用。

(二)家庭环境的影响

家庭环境对青少年的成长和发展的影响可以说是悄无声息的,并且这一影响极为深远。一般来说,在良好家庭环境下成长起来的青少年在身体、心理和社会适应等方面都相对来说更为健康。因此,加强家庭环境的建设是十分重要的。

在不良的家庭环境影响下,青少年的身心难以获得健康的发展。在这样的家庭氛围下,青少年的情感与个性的发展都非常不利。一般来说,孩子性格内向,遇事畏缩胆小,自卑心强,甚至有抑郁倾向,可能与家境贫穷有关;相比于正常家庭,单亲家庭的孩子更容易发生心理问题,甚至有些孩子无法正常学习与生活。由此可见,家庭环境对孩子的影响非常大。因此,青少年的身心健康成长,一定要引起家长的高度重视。

对于家长而言,在平时的生活中一定要为青少年营造一个和谐的家庭环境,因为在良好的家庭环境和氛围下,青少年才能以积极的心态愉快地投入到学习与生活和体育锻炼之中。如果父母关系紧张,孩子成长中就会不断出现很多身心方面的健康问题,这些问题如果不能及时解决就会愈演愈烈。很多青少年的身心健康问题都是以前的遗留问题,只是现在更严重了。对此,家长一定要引起注意。

四、学校对青少年体质健康的影响

(一)学校领导没有从思想上重视体育教育

很长一段时间以来,受应试教育的影响,学生普遍面临着巨大的升学与就业压力,平时文化课受到高度重视,体育课在学校教育中的地位非常低,一些学校的领导也没有从思想上重视体育教育,致使学校体育教育的发展举步维艰,这对于青少年的身心健康发展是十分不利的。

(1)总体上来看,有很多学校体育基础设施建设的投入较少,给学校体育教学和学生的课外体育活动带来了阻碍。

(2)在我国很多学校中,有一部分学校领导并不重视体育师资队伍的建设,对体育教师的挖掘、选拔、培训都不够,致使体育教育队伍的质量不高,在一定程度上影响着学生参加体育锻炼的意识和习惯。

(3)我国大部分学校的学生课余体育活动比较少,并且在参加体育锻炼的过程中也缺乏一定的指导,这不利于激发学生参加体育锻炼的积极性。

(4)一些学校为了追求升学率,除了缩减体育课时外,还精简体育教学内容,在这样的情况下,学生参与体育锻炼的机会就更少,导致身体素质每况愈下。

(二)体育教师的专业素养较差

我国体育教师专业素养差主要表现在以下两个方面:(1)基本运动技能不足。很多体育教师只对自身专业体育技能较为了解,对教学中其他体育项目不能有效掌握,并进行教学。(2)知识面窄、自主学习能力不足。很多体育教师对于体育教学钻研不够,安于现状,对教学中存在的问题不能深入思考并提出有效解决办法。

五、社会对青少年体质健康的影响

对于青少年而言,他们正处于确立人生观、价值观的关键时期,特别需要正确的引导,但因为现代社会生活环境比较复杂,社会规范不健全,因此青少年容易在自我价值的发展中失去方向。这对于青少年的身心健康成长都是十分不利的。

当今社会的竞争越来越激烈,青少年承受着未来巨大的学业与就业压力,他们常常感到身心俱疲,缺乏安全感,久而久之就会导致各种身心疾病。

总的来看,社会因素对青少年体质健康的影响主要体现在以下几个方面:

(一)社会经济的影响

随着我国社会经济水平的日益提高,人们的生活质量也得以提高,在这样的情况下,青少年的价值取向也发生了一定的变化。他们有的敢于竞争,能充分展现个人风采,有的崇尚务实,为实现个人理想孜孜不倦,但也有一些青少年受西方拜金主义的影响,追求利益至上,导致出现一些心理扭曲的问题。

总之,伴随着社会经济的发展,在带给人们实惠与便利的同时,也带来了一定的问题,尤其是激烈的社会竞争会给人们带来一系列的附属物,这些附属物会在一定程度上影响青少年的身心健康发展。因此,面对当前这样的社会环境,家庭、学校、社会等要密切配合好,为学生身心素质的发展创造良好的社会环境。

(二)贫富差距的影响

我国地域辽阔,存在着区域经济发展不平衡的现象,并且随着社会经济的不断发展,各地区之间贫富差距有逐渐拉大的迹象。尤其是在城乡之间、东部与西部之间、沿海地区与内陆地区之间,贫富差距表现得更为明显。在这样的社会背景下,高校也受到了一定的影响,青少年身心健康问题的产生一定程度上是由贫富差距诱发的。一些富裕地区的青少年家庭条件优越,吃穿不愁,甚至也不用为将来的工作担忧;一些刚脱贫地区的青少年家庭条件差,平时省吃俭用,唯有靠自己努力学习才能找到比较好的工作。除此之外,在学校之中,有一些贫困生还受到其他学生的歧视,这一现象也是需要引起重视的。由此可见,贫富差距也会对青少年产生一定的影响,这一影响是多方面的,影响其身心健康发展是其中的重要方面。

(三)文化冲突的影响

伴随着我国社会主义现代化建设的逐步进行,我国的社会经济发展水平相比以往得到了极大的提升,人们的生活水平得到了极大的改善,同时,人们的思维观念、生活方式等也发生了相应的变化,整个社会文化氛围也在不断发展和变化着。可以说,在当今社会背景下,整个社会文化强烈冲击着传统的道德规范。

在当今复杂的社会背景下,大学生面临着多元化的社会关系,也受到多元化价值观念的影响并且不同的文化有时会给他们带来矛盾,如在汲取中国传统文化营养成分的同时受到西方文化的冲击。面对丰富而复杂的社会文化及社会环境,青少年的人格类型也越来越多样化和复杂化,而且因为人格教育严重缺失,导致学生步入大学后缺乏健全的自我机能,无法有机协调主体自我和客观自我,这就造成了双重人格的情形。双重人格这一情形是非常不利于大学生的发展的,因此一定要引起高度重视。

六、环境对青少年体质健康的影响

一般来说,环境主要包括自然环境与社会环境两个方面。这两个方面会对青少年的体质健康产生非常重要的影响,因此,一定要引起高度重视。

(一)自然环境

关于自然环境,通常情况下主要包括原生环境与次生环境两个方面。这两个方面都会对人的体质健康产生一定的影响。

1. 原生环境

原生环境是人们平时在户外所接触到的各种自然要素,如大气、水、土壤等,它们对人体健康的发展都是有利的。然而,需要注意的是,受地理、地质等因素的影响,有些地区的自然环境状况并不理想,如水质较差会影响到人体微量元素的吸收。因此,我们也要一分为二地看问题。

2. 次生环境

次生环境主要是指被工农业生产中形成的废物和人类生活中产生的废物所影响的环境。次生环境使人类生存条件发生变化,会对青少年的身体健康产生较大的危害。

(二)社会环境

社会环境是指人类在生产、生活和社会交往活动中形成的各种关系,主要包括生产关系、社会关系、阶级关系等,社会经济、政治、文化、教育、人口状况等都属于社会环境的范畴。此外,我们通常所见的医疗服务、行为方式等也都属于这一范畴。

相关研究表明,某些疾病的发生、发展与社会环境之间有着直接的关系。现代社会各行各业都充满了竞争,对于青少年而言,他们也面临着巨大的升学与就业压力,在这样的社会环境之下,青少年的体质健康发展会受到不良的影响。

七、行为与生活方式对青少年体质健康的影响

相关研究表明,行为与生活方式也会对青少年的体质健康产生重要的影响。行为是指人们在一定的观念影响下而作出各种行动;生活方式指的是人们长期在社会习俗、社会规范和家庭的影响下所形成的生活意识及生活习惯。随着社会的不断发展,人们的健康观也在不断改变,并逐步认识到人体健康受行为和生活方式的影响极大。为了促进自身的体质健康,青少年必须要养成良好的行为习惯与生活习惯。

大量的实践与事实表明,不良行为与生活方式会诱发各种疾病,如

恶性肿瘤、心脑血管病、由环境污染所致的疾病等都与人们的不良行为及生活方式有着密切的关系。除此之外,不遵守公共安全守则、交通规则等也有可能危害人们的健康,甚至会危及人们的生命,因此一定要引起高度重视。

据相关统计,近些年来我国肿瘤、心脑血管系统疾病的发病率和死亡率都比较高,这需要引起高度重视。为改变这一状况,就要注意改变生活方式,努力养成良好的生活习惯和生活方式,这对于青少年的健康发展具有重要的意义和作用。

八、医疗与社会保健制度对青少年体质健康的影响

这里的医疗保健主要是指普查疾病、治疗疾病、预防伤残与疾病、康复训练、促进健康以及健康教育等一系列活动的总和。社会保健制度包含很多内容,但首先要加强对最基本的卫生保健制度即初级卫生保健制度的建立与健全。通过建立该制度,能够针对某一区域人们普遍存在的卫生问题而有针对地地提供卫生服务,从而有效防治疾病、增进健康。因此,为促进青少年体质健康也需要充分利用好医疗与社会保健制度,其能为青少年体质发展提供良好的保障。

第三节 科学健身对人体健康的影响

大量的实践与事实充分表明,经常参加健身运动对人体健康有积极的影响,这一影响作用主要体现在对人体各系统功能的增强、身体素质的提高和预防运动伤病等多个方面。

一、促进人体各系统功能的完善

(一)增强人体呼吸系统功能

青少年经常参加体育锻炼对于人体呼吸系统功能的增强具有显著

的效果。青少年在运动的过程中,呼吸会逐渐加深,吸进的氧气和排出的二氧化碳都比较多,这就大大增加了肺活量,增强了肺功能。青少年长期坚持参与健身活动,能有效地提高身体适应能力,获得匀和而平稳地呼吸,长此以往,其呼吸系统功能会得到极大地增强。

(二)改善人体消化系统功能

青少年参加长时间的健身活动会在一定程度上消耗体内的一些营养物质,增强机体代谢,在这样的情况下,食欲会得到明显的改善。不仅如此,青少年参与体育运动锻炼,胃肠蠕动更加通畅,也会快速分泌消化液,从而使肝脏功能得到改善。

(三)增强人体神经系统功能

众所周知,人体参与各种活动主要是受神经系统的支配。青少年坚持长期坚持体育运动锻炼,肢体越来越协调,身体越来越灵活,思维越来越清晰,从而积极主动的心态投入到日常的学习和生活之中,促进学习效率的提高。

二、控制体重,塑造健康体形

在当今社会背景下,出现了大量的社会文明病,肥胖症便是其中之一。肥胖可以是青少年群体中普遍存在的健康问题之一。肥胖会对人体的正常生理功能造成不良影响,会加重心脏负担,如果皮下脂肪过多,则死亡危险率也会增加,影响寿命。体育健身运动能够帮助青少年去除多余脂肪,使肌肉力量更强,关节更加柔韧。青少年只有长期坚持参加体育运动锻炼,才能有效地控制体重,起到塑形健身的目的。

三、有效预防各种运动伤病

青少年坚持长期坚持参加体育锻炼对于预防各种运动疾病有显著的效果。这主要体现在以下几个方面:

(1)有助于降低心血管疾病发生的概率。
(2)能有效控制血糖,减少糖尿病发生的可能性。
(3)有利于提高骨质密度和强度,预防骨裂。
(4)有助于预防癌症。
(5)坚持长期参加各种形式的体育锻炼,能有效预防运动伤病,改善机体的不良发展状况。

第二章　大学生体质测评与健康现状

要对大学生的体质健康进行分析和研究,在建立体质健康的初步概念之后,还需要对大学生体质健康现状加以调查、分析和探索,从而在大学生体质健康状况的了解上同时兼顾广度和深度。而要了解大学生体质健康现状,就需要通过对大学生体质的测评而获得。本章首先对大学生体质测评的内容与方法进行剖析,接着对大学生体质特征与健康现状进行分析,最后对大学生群体的健康问题进行了探索,进而全面深入地了解大学生体质测评与健康现状。

第一节　大学生体质测评内容与方法

一、人体形态测评

一般的,人体形态测评包含的内容主要有四个方面,即体格测量,体形测量,身体成分测量,身体姿势测量。这里主要对其中的两个方面加以详细阐述。

一般的,在体育运动的测评中,常用的人体主要测量点有很多(图 2-1)。

图 2-1

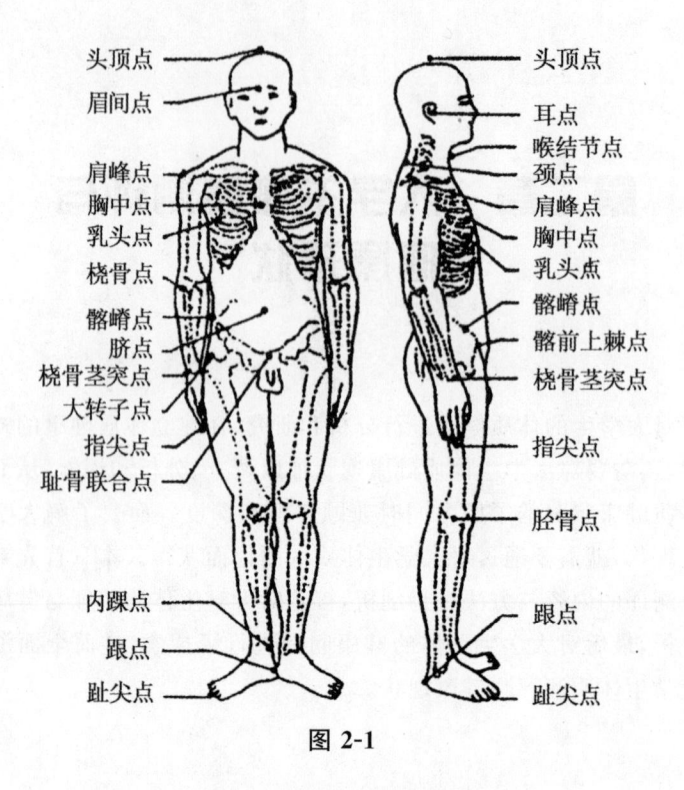

（引自邵象清编著《人体测量手册》）

（一）人体形态测评内容与方法

1. 人体形态测量内容与方法

通过人体形态,能够将人体外表结构和生长发育水平的重要指标（身高、坐高、体重、胸围、肩宽、骨盆宽、臂围、上肢长、下肢长、腰围等）反映出来。

（1）身高测量方法

被测量的大学生要赤足立正站于底板上,背靠身高坐高计,足跟、骶骨和两肩胛间与立柱接触,耳眼处水平位。测量者将水平压板下滑至头顶点,在两眼与压板呈水平位时读数并记录测量值。注意测量误差不得超过 0.5 厘米。

(2)体重测量方法

被测量的大学生要身着薄衣裤赤足站于体重计中央,测量者移动刻度尺稳定在水平位后读数并记录其重量值。注意误差不要超过0.1%。

(3)坐高测量方法

被测量的大学生端坐在身高坐高计底板上,头正,躯干挺直紧靠立柱。测量者将水平压板下滑至受试者头顶点,在两眼与压板呈水平位时读数并记录测量值。精确到小数点后一位,测量误差不得超过0.5厘米。

(4)骨盆宽测量方法

被测量的大学生两腿并拢成自然站立姿势,测量者面对受试者用弯脚规(或直脚规)置于骨盆左右骨骼外缘,计量其水平直线距离。精确到小数点后一位,测量误差不得超过0.5厘米。

(5)胸围测量方法

被测量的大学生自然站立,平静呼吸,测量者面对受试者,双手将带尺上缘平齐背部肩胛骨下角下缘,带尺平贴背部,向两侧经腋窝水平绕至胸前,计量其绕行一周的读数。精确到小数点后一位,测量误差不得超过1厘米。

(6)腰围测量方法

被测量的大学生自然站立,测量者将带尺置于受试者脐上,以水平位绕腹一周。取其自然呼吸时的计量值。精确到小数点后一位,测量误差不得超过0.5厘米。

2. 人体形态评价方法

一般来说,对人体形态进行评价所采用的方法有两种:一种是直接用测量获得数据进行绝对值的评价;一种是将测量数据转换为指数而进行相对值的评价。

在人体形态评价中,运用最为广泛的是形态指数评价方法。这种评价方法的主要步骤为:第一,计算出形态指数;第二,采用离差法、百分位数法对形态指数划分等级,并将评价标准制定出来。

常用的形态指数评价方法主要有以下几种:

(1)克托莱指数评价法

也有"体重身高指数"或"肥胖指数"评价法之称。具体来说,可以将其理解为:每1厘米身高的体重,作为一个相对体重或等长体重来将人体的围度、宽度、厚度以及人体组织的密度反映出来的评价方法。其通过作为重要的复合指标来对人体形态发育水平和匀称度进行评价。

计算公式：体重/身高×1000。

一般情况下，克托莱指数的正常值为：13岁男子260－280，女子250－270；15岁男子300－330，女子300－320；17岁男子340－360，女子330－350。

(2)身体质量指数(BMI)评价法

BMI指数，是用体重千克数除以身高米数平方得出的数字，是目前国际上常用的衡量人体胖瘦程度以及是否健康的一个标准。当我们需要比较分析时，BMI值通常会作为一个中立而可靠的指标，用来反映和衡量一个人的体重对于不同高度的人所带来的健康影响。

计算公式：体质指数(BMI)＝体重(千克)/身高(米)的平方

BMI四个级别划分标准(表2-1)。

表 2-1 BMI 组别划分标准

组别	BMI 标准
轻	BMI<18.5
正常	18.5≤BMI<24.0
超重	240≤BMI<28.0
肥胖	BMI≥28.0

(3)比胸围指数评价法

比胸围指数是重要的人体形态指数。其主要作为人体测量复合指标，来将胸廓的围度相对比值用以衡量其发育水平反映出来。

计算公式：胸围/身高(厘米)×100

(二)身体成分测评内容与方法

身体成分测量包括对人体所含脂肪、水和固体成分(蛋白质、矿物质和碳水化合物)等三大组成部分。

身体成分测量方法，有两种：一种是直接测量法，一种是间接测量法。其中，间接测量法的可靠性和适用性更强，因此在体质测量中得到广泛应用。下面就对常用的皮褶厚度法加以介绍。

被测量的大学生自然站立，将身体测量部位暴露出来。测量者选准测量点,用左手拇指和食指、中指将皮下脂肪捏起,右手持皮褶厚度计将卡钳张开,卡在捏起部位下方约1厘米处,待指针停稳,立刻读数并记录(图2-2)。测量三次取中间值或中间两次相同的值。测量单位为毫米,测量误差不得超过5%,保留一位小数。

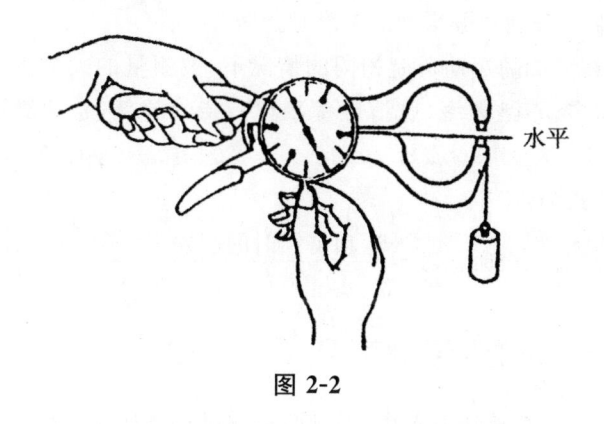

图 2-2

(引自邵象清编著《人体测量手册》)

二、身体机能测评

身体机能是指人的整体及其组成的各系统、器官表现的生命活动。其测评的内容主要有循环机能、呼吸机能和感觉机能三个方面。

(一)循环机能测评内容与方法

通常,对循环技能进行测评用到的方法主要为定量负荷,其中,台阶试验测评是最常用的一种方法,主要用来对心血管系统的功能进行测评。

测试方法:被测量的大学生站立在台阶前方,按照测试仪中的节拍器发出的30次分频率的提示音上下台阶。即从预备姿势开始,当听到第一声响时,一只脚踏在台子上,第2声响时踏台腿伸直,另一只脚跟上台上站立,第3声响时,先踏上台的脚下来,第4声响时,另一只脚下地还原成预备姿势。在测试中采用2秒上、下踏台一次的速度,连续做3分钟。运动完毕后,被测量的大学生都立刻静坐在椅子上,将测试仪的指脉夹夹在受试者的中指前方,测试仪将自动采集受试者的三次脉搏数。整个测试结束后将运动时间及三次心率值填入卡片。如果被测量的大学生在运动中坚持不下去或跟不上上下台阶频率三次者,测试人员应立即停止受试者运动,同时按下功能键,然后以同样方法测取脉搏数并记录。人工测试脉搏的方法:测试运动停止后1分到1分半钟、2分到2分半钟、3分到3分半钟的三次脉搏数。①

评价:在完成的运动负荷相同的情况下,被测量的大学生动用心输出量潜力越多,心跳频率(脉搏频率)越快,指数越低,心功能水平也越低,反之越高。

计算公式为:

$$台阶指数 = \frac{运动持续时间(秒) \times 100}{(f_1 + f_2 + f_3) \times 2}$$

(二)呼吸机能测评内容与方法

在大学生体质健康测评中,对呼吸机能进行测评用到的方法主要是肺活量的测评。

测量方法:被测量的大学生面对肺活量计取站立姿势,做1~2次深呼吸准备活动后,手握吹气嘴,做最大吸气,然后对准口嘴向肺活量计内做最大的呼气。每人测两次,每次间隔15秒。取两次测量中最佳值为成绩。

评价方法:
(1)肺活量单一评价(采用百分位数法)。
(2)肺活量指数评定法。
肺活量体重指数=肺活量(毫升)/体重(千克)
在体质健康测试中常用的指数评定法有:肺活量-体重指数。

(三)感觉机能测量内容与评价

关于感觉机能的测评,主要针对的是被测量者单脚支撑维持平衡的能力。

测量方法:被测量的大学生以优势单脚支撑,另一脚置于支撑腿膝部内侧,两手侧平举。当被测量的大学生非支撑腿离地,计时开始。尽

---

① 刘星亮.体质健康概论[M].武汉:中国地质大学出版社,2010:26.

可能保持长时间平衡姿势。若被测量的大学生非支撑脚触地,即刻停表。计算闭眼单脚站立维持平衡的时间。测量2次。

评价:取2次测试中的最佳值为测验成绩。

三、身体素质测评

(一)速度素质测评内容与方法

1. 反应速度的测评

在大学生体质测评中,反应时的选择在反应速度测评的项目中是非常重要的。

测量方法:被测量的大学生坐桌边,测试臂放松平放在桌子上,手指伸出桌边约8~10厘米,大拇指与食指间距不超过2.5厘米,大拇指与食指在上缘呈同一水平,做好准备。测量者捏住尺子的上端,置尺下端于被测量的大学生拇指与食指之间(不要碰到手指),尺子的0点基线与拇指上缘呈同一水平。被测量的大学生两眼凝视反应尺的下端,不得看测量者的手,听到"预备"口令后,视尺子下落时急速将尺子捏住,记录大拇指上缘尺子的刻度。

评价:测试5次,去掉最高值和最低值,计算中间3次的平均值。记录以秒为单位,取两位小数,第三位小数四舍五入。

2. 位移速度的测评

在大学生体质测评中,对身体素质中的位移速度进行测评的形式有两种,即50米跑和10米×4往返跑。

(1)50米跑

通过50米跑的测评,能对被测量的大学生快速跑的能力有所反映。

测量方法:400米田径场取100米跑道,在按径赛竞赛规则进行测量。

评价:记录被测量的大学生跑完全程的时间(精确至0.1秒),取最好成绩。保留1位小数,小数点后第二位数非"0"时则进1。

(2)10米×4往返跑

通过这一测评方法能够对大学生快速跑的能力有所反映。

测量方法:同 50 米跑是相同的,只不过测量的距离不同。

评价:记录跑完全程的时间(精确至 0.1 秒),取被测量的大学生最好成绩。

(二)力量素质测评内容与方法

1. 一般力量素质测评

(1)握力

通过握力的测评,能够对被测量的大学生手部肌肉握力的大小有所了解。

测量方法:被测量的大学生根据自己手掌大小选择适宜的握力计,用左(或右)手持握力计尽力抓握,左、右手各测两次。测量时注意身体要保持正直,双臂自然下垂。

评价:每次抓握后,记录握力计指针读数(千克)。

②握力单一评价(百分位数)。

②握力指数评价。握力体重指数能够将肌肉的相对力量反映出来,也就是所谓的每千克体重的握力。

计算公式:

$$握力体重指数=握力(千克)/体重(千克)\times 100$$

(2)背肌力

主要对被测量的大学生背部肌肉的力量进行测量和评价。

测量方法:被测量的大学生双脚站立于背力计底盘上,将拉力杠调节至与膝盖上缘平齐,上体前倾,双手正握拉力杠。操作时身体用力上抬。

评价:记录背力计指针的读数(千克),相对力量取最好值除以自身体重所得商为成绩,体重可以忽略,则为绝对力量测量。

(3)屈膝仰卧起坐

仰卧起坐主要用来对大学生的腹肌力量和耐力进行测评,具有简单易行的显著特点。这一方法能够对大学生腰腹肌肉力量有所反映。

测量方法:被测量的大学生仰卧于铺放平坦的软垫上,两腿稍分开,屈膝呈 90°左右,两手指交叉抱头贴于脑后。同伴压住被测量的大学生两侧踝关节处,使其下肢得到固定。被测量的大学生起坐时两肘关节触

第二章　大学生体质测评与健康现状

及或超过双膝为完成一次。仰卧时两肩胛必须触垫。测量者发出"开始"口令的同时开表计时,记录一分钟内受试者完成的次数。一分钟时间结束时,被测量的大学生虽已坐起但两肘关节未触及或超过双膝关节者不计该次数。计数填入方格内。

评价:被测量的大学生正确完成仰卧起坐的次数。

2. 肌肉爆发力量测评

(1)纵跳

通过纵跳的测评,能够对被测量的大学生腿部肌肉向上纵跳时快速收缩的力量有所了解。

测量方法:被测量的大学生站立于电子纵跳测试仪,当测试仪的显示器显示"0"时,被测量的大学生尽力向上跳起,落地后测试仪自动显示测试值。纵跳测验2次,取最好成绩。

评价:记录被测量的大学生纵跳高度的读数(厘米)。

(2)立定跳远

通过立定跳远,能够对被测量的大学生向前跳跃时腿部肌肉快速收缩的力量有所了解。

测量方法:被测量的大学生双脚平行站立于起跳线后,屈膝摆臂双脚起跳落入测试区。

(三)耐力素质测评内容与方法

对大学生耐力素质进行测量的形式有三种,即定量计时、定时计量和极限式测量。常用的测量方法与内容有以下几个方面:

1. 一般耐力素质测评

(1)50米×8往返跑

通过50米×8往返跑,能够对被测量的大学生在规定距离内的速度耐力(定距计时)有所了解。

测量方法:被测量的大学生站在起跑线后,听到信号就以站立式起跑的方式,以最快速度跑完规定的距离。测验1次。

评价:记录被测量的大学生跑完规定距离的时间(秒)。

(2)800 米跑(女)

通过 800 米跑,能对被测量的大学生在规定距离内的速度耐力(定距计时)有所了解。

测量方法:被测量的大学生站在起跑线后,听到信号即以站立式起跑,以最快速度跑完规定的距离。测验 1 次。

评价:记录被测量的大学生跑完规定距离的时间(秒)。

(3)1 000 米跑(男)

通过 1 000 米跑,能对被测量的大学生的中长距离耐力跑的能力有所了解。

测量方法:被测量的大学生站在起跑线处,听到信号即以站立式起跑。测验 1 次。

评价:记录被测量的大学生完成测验的时间(秒)。

2. 力量耐力测评

(1)引体向上

通过引体向上,能够对被测量的大学生的上肢肌肉的力量耐力有所了解。

测量方法:被测量的大学生跳起双手正握杠,两手与肩同宽成直臂悬垂姿势,然后两臂同时用力向上引体至下颌过杠为完成一次。按此方法反复做至力竭为止。记录正确完成动作的次数,测验 1 次。

评价:以被测量的大学生正确完成动作的次数记录成绩。

(2)俯卧撑

通过俯卧撑,能够对被测量的大学生的肩臂肌肉耐力有所了解。

测量方法:被测量的大学生俯身两手撑地,两臂与肩同宽,两腿向后伸直,前脚掌着地,身体平直。屈臂降体至肩与肘平齐,然后两臂同时用力撑起至双臂伸直。如此循环做至力竭为止。计算正确完成动作的次数,测试 1 次。

评价:以被测量的大学生正确完成动作的次数记录成绩。

(四)柔韧素质测评内容与方法

1. 立位体前屈测评

通过立位体前屈测评,能够对被测量的大学生髋、腰背弯曲和大腿后部的伸展能力有所了解。

测量方法：被测量的大学生站在木凳上，足跟并拢，足尖自然分开，两腿伸直，上体前屈，两手触及刻度尺，中指尖尽量向下触摸。测验3次。

评价方法：记录被测量的大学生中指尖向下触摸的最大值为测验成绩(厘米)。

2. 坐位体前屈测评

通过坐位体前屈的测评，能够对被测量的大学生髋、腰背弯曲和大腿后部的伸展能力有所了解。

测量方法：被测量的大学生直腿坐于电子测试仪上，双足跟置于基准线，两脚相距15厘米。被测量的大学生上体前屈，两臂沿腿向前伸，用两中指将桡度尺的引尺向前推动，直至不能向前移为止。上体不得左右摆动，双手中指不得离开引尺。测验3次。

评价：记录量尺的读数为测验成绩(厘米)。

(五)灵敏素质测评内容与方法

1. 反复横跨

测试方法：在平坦地面上画一条中线，在中线两侧各画一条平行线，平行线与中线的距离为120厘米。被测量的大学生两脚跨中线站立，膝微屈。听到测量者的"开始"的口令后，单脚跨越横线，双脚落地，先跨右侧平行线，然后跨回中线，再跨左侧平行线，接着又跨回中线，往复进行20秒钟。测量者记录被测量的大学生的横跨次数。

评价：单位时间内横跨次数越多，说明身体灵敏性越好。

2. 12分钟跑(米)

测试开始后，被测量的大学生以站立的姿势起跑，绕跑道跑12分钟。当听到测量者"停跑"的命令后，计下被测量的大学生所处的地点，然后测量其距离并记录成绩。

3. 立定跳远(厘米)

在进行测量时，被测量的大学生脚尖不得踩线，不得有垫步连跳动作。被测量的大学生每人试跳3次，记录其最好成绩。

第二节 大学生体质特征与健康现状分析

一、大学生体质特征分析

(一)身体体形特征

身高、体重两项形态指标,是反映人体生长发育水平的主要指标。大学生处于人生长发育的青春期,人体在进入这一时期之后的2~3年时间内,其身高的增长速度是非常快的。一般的,女生在17岁,男子在19岁都是升高增长的高峰期,过了这个时间段之后,身高的增长的速度会日趋缓慢,直至完成骨化而终止继续增长。体重方面,通常男生在20岁、女生18岁的时候就开始逐渐趋于稳定,同时,人体的胸围、头围、肩宽、骨盆宽等其他有关指标,在变化上也开始逐渐趋于平缓。

大学生大都已经处于青春后期,其身体形态的完善程度已经比较高了,但是,他们身上仍然存在着一些显著的青春期特征比如,身体形态发展具有不平衡性和不稳定性的特征。因此,对于大学生来说,一定要高度重视身体的全面锻炼,使身体素质得到综合性的提升,即便年龄不断增长,也要积极参与到学校的各项体育教学活动中,在丰富教学内容的同时,也能对自身运动器官的改善和发展起到促进作用,对身体素质的全面提升也有所助益。

(二)身体机能特征

人体的身体机能涉及身体各个系统,不同身体系统的机能在大学生时期的生长发育特点也是不同的。

1. 神经系统

一般的,在人体的各个身体系统中,神经系统是发育最早、最快,成熟最早的系统,通常6~7岁儿童的脑重量已经达到成人的90%,而在

第二章　大学生体质测评与健康现状

此之后是十三四年间,人体的脑重量仅仅增加了10%,达到约1 400克。

对于大学生来说,正处于脑细胞构成联系的上升期,其在学校接受智育教育,尤其是接受丰富的专业课知识之后,其皮层细胞活动在数量上不断增加,神经元联系也随之不断扩大,这就使大学生第二信号系统的最高调节能力得到了有效提升,从而使得第一信号系统和第二信号系统之间联系的完善程度比较高,这一不断完备的物质条件有利于大学生思维的快速发展。由此可以得知,大学生时期是人体智力、记忆力、思维能力方面发展快速的时期,同时也是其分析综合能力提升显著的关键时期。

另外,还有一点需要强调的是,大学生时期,人体内分泌活动也有所变化,其中,性腺活动会有所强化,这就会对其神经系统的稳定性产生一定影响,进而会有所降低其动作协调能力。这一点在性别上有些许差别,女大学生的显著程度要高于男生。

2. 呼吸系统

大学生肺脏的横径和纵径值已处于不断增加的状态,肺泡体积也随之不断增加,这方面也存在着性别上的差异性,男生的显著程度要高于女生。

肺活量能够将大学生呼吸机能特征反映出来,肺活量是指肺每次通气的张力,其大小可以更好地反映出大学生呼吸机能特征,肺活量指标通过检测所得到的数值越大说明人体心血管系统机能状况就越好,相反则表明大学生身体机能下降。[1] 大学生的呼吸系统会向着不断完善的趋势发展。在我国,一般女大学生的肺活量为2 500~3 400毫升,男大学生的肺活量为3 400~4 000毫升。大学生可以通过耐力训练和适当承担氧债能力的练习来提高自身的肺功能。

3. 运动系统

人体发育到了大学时期,骨骼中的水分呈现出不断减少的趋势,而无机盐则呈现出持续增多的趋势,由此,逐渐进入到了骨化的阶段,这一时期,大学生的骨骼会随着骨密质的增厚而变得愈发粗壮和坚固,骨骼的承受能力也有所增强。受性激素的影响,大学生的肌肉纤维会不断增

---

[1]　任玉庆.大学生体质健康的特征分析[J].智富时代,2018(11):238.

粗,这会明显增加其肌肉的横断面,使其肌肉变得发达,肌力不断增大。一般来说,人体骨骼的发育会在 25 岁之内完成,由此可见,大学生的骨骼正处于人体发展非常重要的阶段,一定要通过营养补充、运动锻炼等方式,促进大学时期人体运动系统的发育。

4. 心血管系统

到了大学时期,人体的心血管系统发育也逐渐达到高峰时期。大学生的心脏收缩力量呈现出逐渐增强的发展趋势,心脏的收缩压也在随之逐渐增高。在这个发展时期,大学生在运动负荷方面有着较高的承受力,但是,承受的强度和时间都要控制好,超过了一定的度就会导致大学生的心血管系统遭受过大的压力,不利于其生长发育。这就要求大学生随着年龄的不断增长,要在运动锻炼方面遵循循序渐进的原则,运动负荷和强度的增加也要适可而止,使其自身的运动能力得到有序而稳定的增长。

(三)身体素质特征

大学生上肢力量主要是通过握力这一指标反映出来的,下肢力量则通过立定跳远反映出来,腹部肌肉力量的反映指标为仰卧起坐。

调查发现:男生有关身体素质的各项指标的增长高峰,除速度(50 米跑)在 7~8 岁出现外,其他素质的增长高峰都是在 12~16 岁期间出现;女生在 7~9 岁时期,大部分素质会出现增长高峰,到 18~19 岁时期,柔韧和耐力素质的增长高峰才会出现。而到了 19 岁以后,所有人的各项身体素质都会逐渐呈下降趋势,这一点不存在性别上的差异性。所以,对于大学生来说,他们在这一时期应该将关注的重点放在自身的身体素质的全面锻炼与提高上,进而使自己的健康水平得到全方位的提升。

(四)性成熟

性成熟是青春期人体发育的一个最为显著的特征。一般的,性成熟主要从生殖器官的形态发育、功能发育和第二性征发育三个方面得到体现,而且性成熟会存在着性别上的差异性,这是由男女人体生理特征决定的。

1. 男生的性成熟

男生的性成熟主要通过男生性器官,即睾丸功能的发育与成熟体现出来。睾丸是男性特有的器官,其主要作用是分泌雄性激素和产生精子。

10岁前后,是男生睾丸发育的最早时期;到了12~16岁,睾丸会迅速增大;17岁前后,睾丸的发育会逐渐趋于稳定。男生在性功能发育时期最主要的一个表现就是遗精,大部分会发生在12~19岁期间。因此,一定要做好青春期的生理卫生教育工作,帮助男生顺利度过性成熟阶段。另外,在这一时期,男生还会发生体毛多、长胡须、喉结增大、音调变低变粗、皮下脂肪减少、肌肉强健有力的情况,这些都是其第二性征发育的主要表现。

2. 女生的性成熟

女生的性成熟主要是通过女生性器官,即卵巢功能的发育和成熟体现出来的。卵巢是女性特有的器官,其主要作用是分泌雌性激素和产生卵子。

女生在8~10岁,卵巢的发育速度会不断加快,子宫等器官10~18岁时发育也非常迅速。在青春期时期,女生会陆续产生月经,这是其生殖器官成熟的一个重要标志。女生第二性征发育的表现主要为乳腺发育、脂肪沉积、乳房隆起、乳头突出、声调变高、皮下脂肪增厚等。

青春期之后,人体在生殖能力方面是已经具备了的,但是,这还不到人体发育完全成熟的时期,需要到25岁左右,其重要器官(心、脑及骨骼等)才能发育完善。大学生正处于性成熟的关键时期,根据上述特点,大学生可以通过各种体育活动的参加来使自身的身心处于健康状态。鉴于女性生理的特殊性,就要注意,女大学生在经期所选择的锻炼项目要有较小的运动量和运动负荷。

二、大学生体质健康现状分析

(一)大学生体质健康基本状况

当前,大学生体质健康已经较之前有了一定的提升,但是,仍然存在

着一些问题制约着大学生体质健康的改善。大致可以归纳为以下几点:

1. 身体素质持续下滑

国家体育总局《2015年国民体质监测公报》显示,大学生身体素质呈现出的发展趋势为持续下降。

总的来说,学生体质随着年级的增长呈现出了逐渐下降的趋势。其中,表现最为显著的是视力不良,这方面的检出率居高不下,而且在近视度数方面存在着逐渐加深的现象。肥胖检出率则呈现出持续上升的趋势,偏胖和肥胖人数随年级的增长,增多的程度也不断提升,在性别方面,女生肥胖和超重比例比男生要低很多。肺活量指数评价为"优秀"的构成比下降的同时,评价为"差"的构成比明显增加。除此之外,大学生的速度素质、力量素质、耐力素质等仍处于较低水平,且总体呈现出下降的趋势,只不过下降的程度不同。

2. 亚健康发生率较高

关于亚健康,世界卫生组织有明确的定义:人体无器质性病变,但部分生理、心理功能改变的第三状态。

我国地域广阔,关于大学生的亚健康状况,存在着地域上的差异性。颈椎亚健康问题是大学生普遍存在的生理性亚健康问题,半数大学生都存在,甚至部分大学生存在着颈椎弹响严重等重要颈椎退变特征,且发生率较过去有所增高。

近年来,大学生睡眠障碍发生率也呈现出不断增高的趋势,睡眠标准不达标的大学生也占到了半数之多。除此之外,女大学生月经不规律、痛经等亚健康情况也较为突出。

3. 呼吸、消化系统慢性病高发

大学生在呼吸系统和消化系统方面有着较高的慢性病发病率。其中,女生慢性病患病率相较于男生来说要更高一些。其中,较为典型的有口腔疾病,如慢性咽喉炎、慢性胃肠炎、龋齿和牙龈炎症等,痤疮和脱发等皮肤病的发病率也较高。

(二)大学生体质健康问题产生原因

导致上述大学生体质健康问题的原因有很多,可以大致归纳为个人、家庭、学校、社会几个方面。

1. 个人原因

(1)健康认知水平低,缺乏健康素养

一方面,大学生的健康意识不强,对健康的重要性的认识还不够充分,甚至放任不良健康行为的发展。

另一方面,大学生的健康认知水平普遍偏低,另外,还没有充分认识到健康生活方式、性和生殖健康、用药安全、急症自救与互救、慢性病、传染病预防等知识的重要性和必要性,导致不能采取正确方法保障和促进自身健康。

(2)健身意识淡薄

当前,大学生的身体素质整体水平都偏低。尽管大学生能够自由分配的时间增多,但是,他们普遍存在着自主锻炼计划欠缺的问题,部分大学生虽然有计划但执行能力较差。

(3)不合理健康行为增多

不合理健康行为对大学生体质健康有着非常大的危害。大学生自理能力和自制能力较差,这是导致不良健康行为产生的主要原因。再加上饮食不规律,暴饮暴食和过度节食、酗酒等行为出现,易导致肥胖、消化系统疾病等健康问题。除此之外,日常不良的生活方式也会导致一些不健康行为的产生,比如,久坐、熬夜、长期用眼等,导致激素紊乱、近视、颈椎病等一系列问题的出现。

(4)生活作息的不规律

大学时期,学生的生活习惯发生了较大的变化,没有高中时期升学的压力,思想意识逐渐地放松下来,不再需要早起早睡了,可以自由支配时间,普遍睡得晚,起床晚。不按时吃早饭;上午没课,不起床;一天没课,中午定外卖,饮食习惯不健康。这些都是生活作息不规律的表现。这就对其体质健康造成了非常大的影响。[1]

2. 家庭原因

家庭对大学生的体质健康也会产生重要影响。大学生的健康状况与其成长轨迹之间有着非常密切的关系。一些大学生会由于家庭遗传

---

[1] 李小坤,田永周. 大学生体质健康现状及问题研究[J]. 才智,2020(14):87.

等先天原因出现近视、高血压等问题。除此之外,家庭环境对于大学生健康的影响也是非常重要的。

3. 学校原因

(1)学校体育课程设置的合理性欠缺

在大学期间,一般只在大一、大二设置跑操与体育课程,且体育课程种类单一,课时相对较少,这就导致学生上课的兴趣并不高。大三、大四时期体育课就基本不开设了,这就导致大学生必要的运动锻炼机会大大减少,再加上论文、就业等压力,大学生能够参与运动锻炼的时间少之又少,从而导致其体质健康水平不断下降。

(2)基础设施建设不完善

大学的体育运动场所相较于小学、中学来说,是占优势的,比如,会有各种各样的体育场馆,但是由于大部分大学中存在着不完善的体育场馆管理制度,导致体育锻炼场所对外开放使用存在一定的局限性。各种体育场馆的作用主要用来满足学校大型活动或赛事举办的需求。这也是导致大学生体质健康下降的一个重要原因。

4. 社会原因

(1)互联网的快速发展

随着信息化时代的到来,高科技产品在大学生生活当中的应用越发广泛,且使用时间长,在每天的学习和生活中占有很大比重。这些高科技产品不仅为学生带来了诸多便利,也占用了大学生许多生活时间与体育锻炼的时间,使得能用于体育运动锻炼的时间更少。电子产品的过度使用使其出现近视、颈椎不适、睡眠障碍等现象。

(2)社会竞争压力增加

由于社会对大学生各方面素质的要求不断提高,激烈的竞争和严峻的就业形势使大学生面临多重压力,因此,在社会竞争日趋激烈的背景下,大学生投入理论学习的时间越来越多,但是,身体素质的锻炼方面却被弱化或者忽视,甚至产生主动放弃健康生活方式以提高学习成绩的行为,致使大学生亚健康状态比例不断增加。[①]

---

① 万华军,熊巨洋,彭莹莹,等.健康中国视角下我国大学生健康问题及管理策略[J].医学与社会,2020,33(03):55-58.

第三节　大学生群体的健康问题

大学生群体的健康问题有很多方面,这一点可以从其行为上体现出来。具体来说,可以将大学生群体的不良行为大致归纳为以下几点:

一、吸烟

当前,吸烟已经成为我国非常严重的社会问题,更具体一点,这属于公共卫生问题,对个人健康和他人健康都是非常不利的。

大学是大学生从校园走向社会的一个重要过渡时期,也是人生中社会化的一个重要衔接阶段。大学生本身具有非常强的可塑性,其社会化的方向和特点通常会在大学形成,或者受到这一时期很大的影响。因此,对于吸烟这一危害健康的行为,可以通过各种教育方式和途径使其积极转变观念,使他们懂得吸烟害人害己的道理,进而主动放弃吸烟,这对他们的人生将产生积极的含义。如果大学生在大学时期能够做到不吸烟,并且牢记吸烟的危害,那么,这对于终生不吸烟是具有重要作用的。

(一)吸烟的危害

1. 诱发和加重多种疾病

吸烟的危害性主要在于烟焦油中含有多种致癌物质诱发癌症,常见的有肺癌、食道癌、胃癌、膀胱癌等。一般来说,吸烟较多或吸短烟头的人,通常都会存在着口唇部黏膜容易出现白斑的情况,这种白斑长期接受频繁的高热刺激,易成疣状白斑,也可发生溃疡,甚至可以发展成恶性肿瘤。除此之外,纸烟燃烧时蒸馏出来的烟焦油中含有多种致癌物质,如多环芳香烃、亚硝基氨类化合物等,这也是致癌的一个重要原因。

2. 尼古丁的危害

(1)烟草中的尼古丁会导致吸烟者更容易产生疲劳,且时间较短。这与尼古丁所产生的一氧化碳与红细胞的结合力较强有关。

(2)烟草中的尼古丁会对吸烟者的神经系统和循环系统产生较大危害。因为吸烟所产生的一氧化碳能使血管系统的脂肪沉积率增加,从而减少吸烟者脑部和心脏的供血量,进而导致吸烟者冠心病、心肌梗死、高血压和脑血管意外等疾病的发生率大大提高。

(3)烟草中的尼古丁会造成吸烟者动脉硬化的发生。这是因为吸入尼古丁能够对刺激肾上腺素的释放,而肾上腺素的释放会导致全身的脂肪细胞变化,使其脂肪酸进入血流,这就使动脉硬化发生的危险大大增加。

(4)烟草中的尼古丁会对吸烟者的巨噬细胞造成一定破坏,从而使人体免疫力大大降低,进而导致,感冒等免疫力疾病发生的概率提高,同时也会使人体各种疾病发生的概率大大增加。

(二)吸烟行为的形成

吸烟行为的形成并不是自然而然的事情,而是在一些因素的影响下才实现的。

1. 导致开始吸烟的危险诱因

(1)朋友或者家庭成员有吸烟行为。
(2)会高度评价吸烟的同伴。
(3)对于吸烟是成熟、独立、坚强的表现持赞同态度。
(4)在人际关系方面较为缺失,或对事业成功的期望较低。
(5)是个冒险者或叛逆者。
(6)沉迷于吸烟带来的情绪及药理效应。

2. 吸烟心理社会因素的发展阶段

关于吸烟行为的产生,其是有一定的发展历程的。大致有以下几个方面:

(1)最初为尝试阶段:通常始于20岁以前,也就是大学生时期,意识上有所变化。

(2)随后进入分化阶段:由于吸烟的尝试者在各自不同的环境和心理社会因素的影响下,逐渐呈现出分化的态势,一部分仍停留在尝试阶段的不吸烟者,另一部分则发展为吸烟者。

(3)吸烟者随后进入吸烟行为的保守阶段。

(4)其中一部分则进入到了戒烟和戒烟状态的保持阶段。

(三)戒烟

1. 明确戒烟的障碍

(1)对香烟的渴求,失去吸烟时的主观愉快感,戒烟后变得易激动。这是戒烟最常见的障碍。

(2)戒烟会导致体重增加。

(3)吸烟对人体的危害具有隐蔽性,并不是吸烟结束后立即就显现出来,因此,这就会导致人们对吸烟的危害有误解,妨碍了戒烟的开展。

(4)吸烟成瘾。

2. 选择适合的戒烟方法

(1)明确戒烟需要经历的阶段

①计划前阶段

吸烟者在这一阶段对戒烟并没有充分的认识和考虑。这一阶段,吸烟者通常处于被劝说戒烟的时期,其吸烟行为仍处于正常频率,几乎不会受到影响。

②计划阶段

吸烟者在这一阶段会对将来某段时间里要戒烟(大约6个月以后)进行认真考虑,也不会作出明确的承诺。

③准备阶段

吸烟者在这一阶段会对戒烟进行积极考虑,而且还想下个月就开始(意图),并且已在过去1年中曾尝试过(行为)某些戒断方法。

④行动阶段

这一阶段主要是指开始戒烟后的6个月。吸烟者在这一阶段会努力去改变行为和环境来克服吸烟。

⑤维持阶段

这一阶段是指吸烟者戒烟 6 个月以上,直到戒烟行为成为一种习惯。

(2)进行必要的临床干预

必要时,可以针对性地采取一些临床干预措施,主要包括药物、行为及认知方面的干预。比如,写下了戒烟的理由并请朋友亲人来帮忙;抛掉所有香烟、火柴、打火机及卧室与工作间的烟灰缸等烟具;用药膏戒烟;戒烟糖、戒烟茶,以及各式各样的戒烟药具等。

二、酗酒

(一)酗酒的基本认识

酗酒,是一种原发的慢性疾病,其会受到先天遗传、心理、后天社会环境等因素的影响。该病通常会表现出显著的进展性和致命性特点,酗酒者通常会表现为:对饮酒不能自控;思想关注于酒,饮酒不顾后果;产生思维障碍。这些表现出的症状通常都具有持续性或周期性特征。

酗酒,从更加具体和严格的意义上来说,其可以分为多种类型,每种类型所表现出的症状与特点也是各不相同的。

1. 酒依赖

酒依赖的症状表现主要有以下几点:

(1)耐受性增大。

(2)戒断症状。

(3)用量失去控制,长期使用。

(4)反复试图节制或戒除均失败。

(5)大量时间浪费在寻求饮酒上。

(6)影响社会、工作、家庭责任。

(7)不顾严重后果,坚持饮用。

2. 酒滥用

酒滥用是一种慢性不良饮酒,其症状表现有以下几个方面:

(1)社会、工作、家庭职责受损。
(2)在危害情况下饮酒,如驾车。
(3)由于饮酒反复违法。
(4)不顾不良的社会和心理后果继续饮酒。

3. 酒中毒

酒中毒是饮酒后的暂时状态,其症状表现有以下几点:
(1)表现为语言含糊、反应迟钝,注意力和记忆力受损。
(2)共济失调,步态不稳,注意力和记忆力受损。
(3)最主要的标准是异常行为表现。

4. 酒戒断

长时间大量饮酒后突然停止的情况,就是所谓的酒戒断。其症状表现主要为出汗、心率增快、手震颤、恶心、失眠、激惹、焦虑、感知扭曲。临床上至少有两组症状。

(二)酗酒的危害

酒精进入人体后,会对人体的各器官都产生不同程度的影响,长期酗酒则会导致各种并发症的发生。

1. 对神经系统的损害

中枢神经系统是对乙醇最敏感的器官,大脑皮层尤其敏感。酗酒在神经系统方面所引起的并发症有很多,中枢神经系统病变、外周神经病变及植物神经病变等都包含其中。
(1)经常酗酒,往往会导致片段性遗忘症的发生,遗忘的时间跨度会有所差别。这种伤害往往发生于初期酗酒者身上。
(2)酒的相关性痴呆。这种损害在酗酒者身上主要表现为认知能力呈进行性衰退,且学习、利用新知识及解决问题的能力均明显受损。
(3)酒的相关性小脑病变。
(4)还导致多发性神经病发生,病人的感觉、运动及植物神经系统均受累。

2. 对消化系统的损害

(1)大大增加了口腔和咽部癌症的发生概率。酒会对胃的天然屏障——胃黏膜造成损伤。

(2)肝硬化。反复大量饮酒会导致严重的酒相关性肝炎,到病情进展的后期即可形成肝硬化。这主要发生在一些重度饮酒者的身上。

3. 对其他器官系统的损害

(1)对血液的损害。酒精能对血小板和红、白细胞的生成产生抑制作用,因此,酗酒的人患贫血症、出血和感染的概率会增大。

(2)对心脏的损害。酗酒会使胆固醇增加,血压升高,造成心肌的过度膨大。

(3)对肠的损害。酗酒能使小肠内细胞结构发生改变,从而进一步导致营养不良的发生。

(4)对胰腺的损害。由于酒精可以逐步破坏胰腺,使它产生胰岛素过量,因此,酗酒者患糖尿病的概率要高许多。

(5)对皮肤的损害。由于酒精会对皮肤弹性有抑制作用,造成其快速老化,因此,酗酒将会加速人的衰老。

(三)控制饮酒

当前,控制饮酒已经成为一个全社会都大呼吁和提倡的重要话题,大学生尤其要重视。坚持搞好饮酒有害健康的宣传教育,让广大大学生自发地抵制过度饮酒。

三、不良网络行为

网络作为一种新的传媒手段,已经成为现代人日常生活、工作和学习过程中不可或缺的重要内容和手段。大学生作为我国重要群体之一,其也是网民的主要群体。网络对于大学生有着非常重要的作用和意义:一方面,网络具有开放性、便利性、互动性、丰富性和服务的多样性等诸多优点,其信息的发布、传递、接受、储存一体化,极大地改变了大学生之间的交流、沟通方式;另一方面,网络给大学生们提供了更为广阔的学习空间、快速获取信息的手段。交流沟通的便利给青年大学生带来的是平等和自由的享受,正因为如此,大学生对网聊产生了较大的依赖性。

但是,互联网也会产生一些负面影响,比如,不良网络行为可以使人身心受到损害,引发社会矛盾,以致违法犯罪。

(一)不良网络行为及其对健康的损害

不良网络行为,就是那些对人的身心和社会造成一定损害的网络行为。常见的不良网络行为主要有长时间上网、制作网络病毒、网络成瘾等,每种不良网络行为都会对健康造成不同的损害。

1. 长时间上网对健康的损害

研究发现,长时间上网会使大脑中的化学物质多巴胺水平升高,从而使人呈现短时间的高度兴奋,进而导致食欲不振、焦躁不安等,甚至会引发心血管疾病等。

除此之外,长时间上网对身体健康的损害还表现为视疲劳、脑疲劳、胃肠病、心血管病、腱鞘炎、斑疹及其他疾病。长时间上网会使身体呈亚健康状态,产生很多不良影响,如情绪低落、兴趣丧失、睡眠障碍、生物钟紊乱、免疫减退、饮食下降、体重减轻和思维迟缓、社会活动减少等。

2. 迷恋网络交往对健康的损害

对于很多大学生来说,长时间沉迷于网络,会对其交往方式造成一定的错觉,认为网上的交往方式更好。因为在网上不仅可以与各类朋友畅所欲言,而且不必暴露自己的身份;尤其是当现实中存在着不如意的情况时,他们对网络上虚拟的交往方式的向往更甚,希望在网上寻求安慰,在网络上追求虚拟的完美人生。这就会导致他们整日沉迷在虚幻的网络世界里,与现实产生距离感,对现实生活毫无兴趣,人际关系淡漠。具有这一不良网络行为的大学生,往往会表现为:在人际互动中常表现为以自我为中心、过于功利、过于依赖、妒忌心强、自卑、敌意、偏激、退缩、内心不合群,等等。

3. 网络游戏对健康的损害

网络游戏具有互动性,这一点对大学生来说有着非常大的吸引力,因此,对于那些抵抗诱惑的能力比较脆弱、自制力也不强的学生来说,经常玩网络游戏上瘾的概率是非常大的。患上"网络成瘾症"后,就会沉迷于其中而不能自拔,只要一接触网络游戏就异常兴奋。一旦被"网络游戏"网住,就会带来不可忽视的影响,比如,旷课、逃学,甚至荒废学业。

4. 网上"黄色""暴力"内容对健康的损害

互联网的交流与现实中面对面的交流是不同的,其具有显著的随意性、隐蔽性特点。部分违法网站上充斥着色情、暴力、灰色信息等网络垃圾,其中尤以色情信息对大学生的危害最大。有的大学生不慎堕入其中,从而导致色情成瘾症的形成,有的还形成了暴力倾向,误入歧途,甚至触犯法律。

(二)学会健康上网

由于网络已经成为大学生生活、学习中不可或缺的重要组成部分,而不良网络行为又会对其健康造成一定的损害,因此,学会健康上网至关重要。具体可以从以下几个方面着手:

1. 明确上网目的,保证上网的理智与健康

(1)提倡对互联网进行合理利用,将其文献检索、阅读新闻、发表文明负责的见解、相互沟通信息等功能充分发挥出来。

(2)不盲目浏览网页,不传播低俗、色情、暴力的信息,不制造毫无根据的言论,自觉抵制不良信息。

2. 有所节制,做到劳逸结合

要控制好上网的时间,中间要进行适当的休息,要有效放松眼部肌肉和神经,做到劳逸结合。

3. 保护个人信息,防止不法侵害

(1)上网时,一定要有自我保护的意识,不要将自己的个人信息随意泄露。

(2)在浏览网页时,一定要对网页网址是否准确进行仔细核对。

(3)安装正版杀毒软件,定期升级、杀毒,防止黑客和木马程序入侵,

重要文件设置密码。①

(4)不要轻信或盲信网上交友、"中奖"信息。

(5)不提倡"网友见面",避免受到不法侵害。

4. 注重社会实践的参与和学习

(1)学习并了解一些心理健康常识,学会与人相处。

(2)培养积极的兴趣和爱好,积极参与到集体生活中。

(3)根据社会需求,树立恰当的奋斗目标,并坚定意志向目标迈进,学会在现实生活中寻找乐趣和成就感。

(4)在社会实践活动中不断学习、增长知识与才干。

5. 从社会性行动中创造健康、积极的网络环境

从全社会的角度出发,帮助大学生树立远大的理想,通过学校的积极引导、家庭的教育以及相关部门的监督等,规范、管理好网站,最大限度地减少电脑网络、电子游戏对大学生造成的不良影响,让高科技产品的积极作用充分发挥出来。

---

① 毛亚杰. 大学生健康教育[M]. 北京:北京理工大学出版社,2014:54.

第三章　大学生体质健康干预方式与手段

高校教育的主要任务是培养全面发展的、综合素质高的新型人才。在大学生综合素质的衡量与评价中，体质健康水平是非常重要的标尺，同时，这也是高校教育评估的重要指标。科学有效地干预大学生的体质健康，提高大学生的健康水平，这是高校教育工作的一个焦点。大学生体质健康受学校、家庭、社会等各方面因素的影响，因此改善大学生的体质状况，除了采取高校内部干预路径外，还需要加强家庭、社会层面的外部干预。本章主要就从学校体育教育、家庭健康教育、社会医疗保障三个方面探讨大学生体质健康的干预方式，以期从多方面努力来提高大学生的体质健康水平。

第一节　学校体育教育干预

一、体育教育对大学生体质健康的影响

高校体育教育工作主要是指开设体育课程，组织体育教学，培养学生的健康意识、锻炼意识及良好的锻炼习惯，提高学生的健康水平和运动能力。大学生在高校体育教育中掌握体育锻炼知识与方法，树立体育锻炼意识，提高运动锻炼技能，能使自己的身体机能得到改善，体质问题得到有效解决，从而全面改善体质状况。良好的体育锻炼意识和熟练的体育锻炼技能对于大学生终身体育锻炼习惯的养成也具

有重要意义。

　　大学生在高校体育教育中参与自己感兴趣的体育活动,不仅能改善身体健康状况,而且还有助于培养良好的道德品质、坚强的意志品质、持之以恒的精神,缓解学习与就业压力,提高人际交往能力,排解烦恼,保持积极乐观、阳光向上的生活态度。此外,一些成功的运动体验还能给学生带来强烈的满足感与成就感,使大学生的自信心得到提升。

　　总之,高校体育教育在促进大学生身心健康方面的功效是其他学科教育所不具备或不完全具备的,这充分说明了高校体育教育的健康促进价值,应将此作为大学生体质健康干预的重要方式。

二、高校体育教育与健康教育的融合探讨

　　高校体育教育是提高大学生体质健康水平的重要手段,在体育教育中融入健康教育,有助于培养大学生的健康生活观念、健康生活方式以及良好的运动习惯。体育教育与健康教育的融合能够使大学生在体育学习中掌握健康常识和健康技能,提高大学生维护自身健康的能力。高校体育教育与健康教育有机融合而形成的体育健康教育模式如图 3-1 所示。

　　下面具体分析如何在高校体育课堂教育、课外活动延伸教育、校园体育文化教育中融入健康教育。

(一)体育课堂教育与健康教育的融合

　　将健康教育融入体育课堂教学中,既能落实健康教育工作,又能推动体育课堂教学的发展,实现促进学生健康的体育教学目标,而且这也能在一定程度上使高等教育的压力得到缓解。可见,高校体育课堂教育与健康教育的融合是一举多得的举措。

　　体育课堂教学与健康教育的融合机制如图 3-2 所示。

图 3-1①

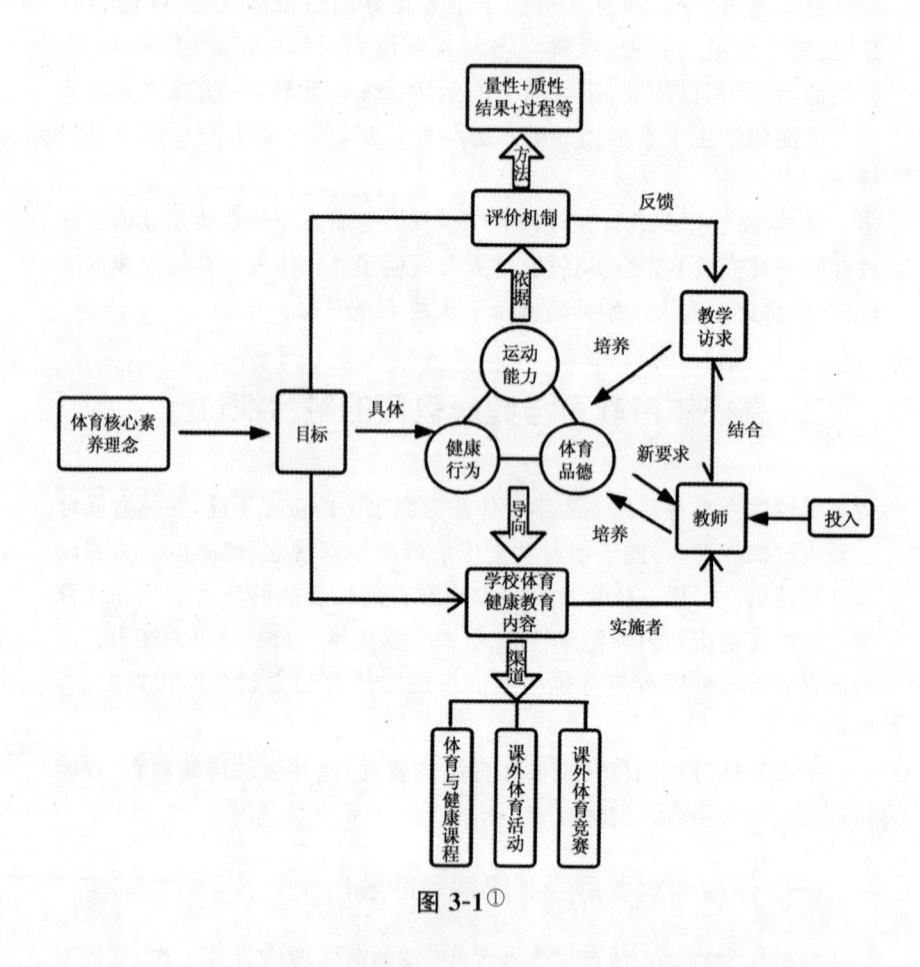

① 赵洪波,姜春欣. 基于核心素养的学校体育健康教育模式问题析因与优化路径[J]. 安徽体育科技,2020,41(06):69-72+77.

第三章　大学生体质健康干预方式与手段

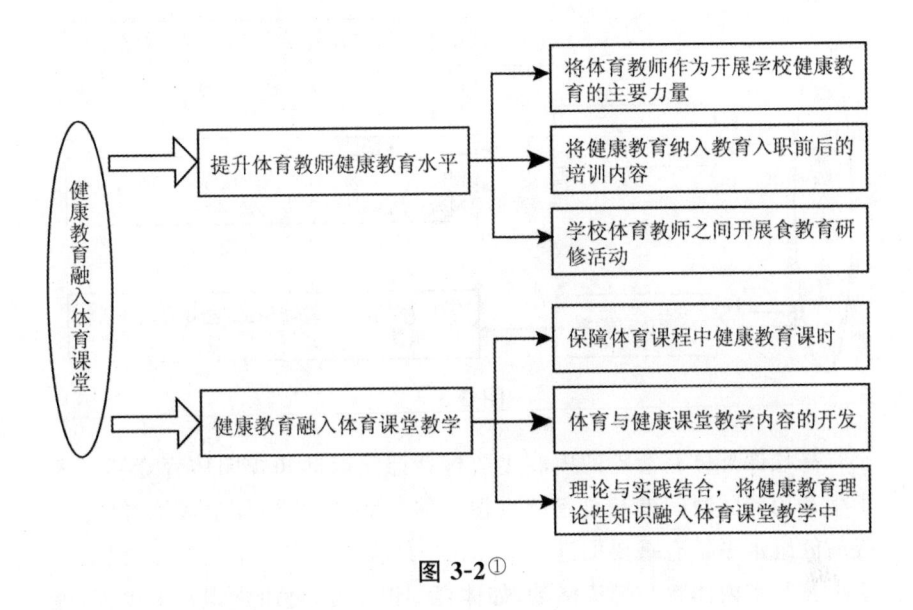

```
                    ┌─→ 将体育教师作为开展学校健康教育的主要力量
         ┌─→ 提升体育教师健康教育水平 ─┼─→ 将健康教育纳入教育入职前后的培训内容
健康教育  │                              └─→ 学校体育教师之间开展食教育研修活动
融入体育 ─┤
课堂      │                              ┌─→ 保障体育课程中健康教育课时
         └─→ 健康教育融入体育课堂教学 ─┼─→ 体育与健康课堂教学内容的开发
                                        └─→ 理论与实践结合，将健康教育理论性知识融入体育课堂教学中
```

图 3-2①

　　将健康教育融入高校体育课堂，首先要对体育教师的健康教育意识与能力进行培养，发挥体育教师在体育健康教育中的主导性。其次，要合理安排健康教育在体育课堂教学中的时间与内容比例，重视对健康教育的宣传；要加强对体育与健康教学内容的科学开发，将融合了体育元素与健康元素的内容引进体育课堂。体育教师在传授某项目的运动技能时，可以先讲解该运动的生理学基础，使大学生在科学原理的指导下掌握技能，并将健康理论知识运用于技能学习的实践中。

（二）课外体育活动与健康教育的融合

　　高校体育教育既包括狭义层面的体育课堂教学，也包括广义上的课外体育活动。课外体育是课堂体育教学的拓展与延伸，对弥补课堂教学的不足及巩固课堂教学效果具有重要意义，因而也是高校体育教育的重要形式之一。将健康教育融入高校课外体育活动中对培养大学生的健康意识、运动习惯及提高大学生的体育锻炼能力具有重要意义。

　　高校课外体育活动与健康教育的融合机制如图 3-3 所示。

---

① 陈荣，朱林可，罗翊君．学校体育与健康教育融合途径探究[J]．上饶师范学院学报，2020,40(06):93-98.

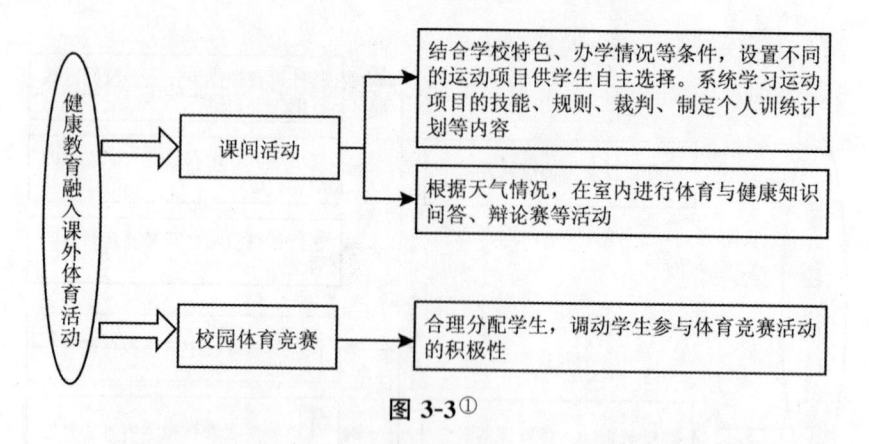

```
健康教育融入课外体育活动 → 课间活动 → 结合学校特色、办学情况等条件，设置不同的运动项目供学生自主选择。系统学习运动项目的技能、规则、裁判、制定个人训练计划等内容
                                    → 根据天气情况，在室内进行体育与健康知识问答、辩论赛等活动
                     → 校园体育竞赛 → 合理分配学生，调动学生参与体育竞赛活动的积极性
```

图 3-3[①]

高校课外体育活动的内容主要包括课间活动和校园体育竞赛。大学生利用课间时间参与自己感兴趣的体育活动，掌握科学锻炼方法，对提高健康水平具有重要促进意义。在户外天气恶劣的情况下，可以组织学生参与室内体育与健康活动，如体育知识竞赛、健康常识知多少等，提高大学生对健康的重视，丰富大学生的健康知识与体育知识。

校园体育竞赛可以提升大学生的体育参与兴趣和参与度。可以在广大大学生普遍感兴趣与广泛参与的课外体育活动中引进健康教育，向全体学生普及健康知识与健康维护方法，而且在竞赛开始前和结束后，给大学生传授准备练习与身心放松练习的方式，可以使大学生体会这对预防运动损伤、缓解疲劳和维护健康的重要性，并对体育与健康的关系有更深的体会。

（三）校园体育文化与健康教育的融合

校园体育文化与体育教育密不可分，体育教育离不开校园体育文化的引领，因此还应将健康教育融入校园体育文化建设中。二者融合的机制如图 3-4 所示。

为促进健康教育与校园体育文化的融合，需要做好下列工作：

首先，构建健康教育支持性环境，包括健康教育宣传、学校健康教育工作制度的完善、大学生体质健康干预系统的建立以及健康教育资源的大力投入。

[①] 陈荣,朱林可,罗翊君. 学校体育与健康教育融合途径探究[J]. 上饶师范学院学报, 2020,40(06):93-98.

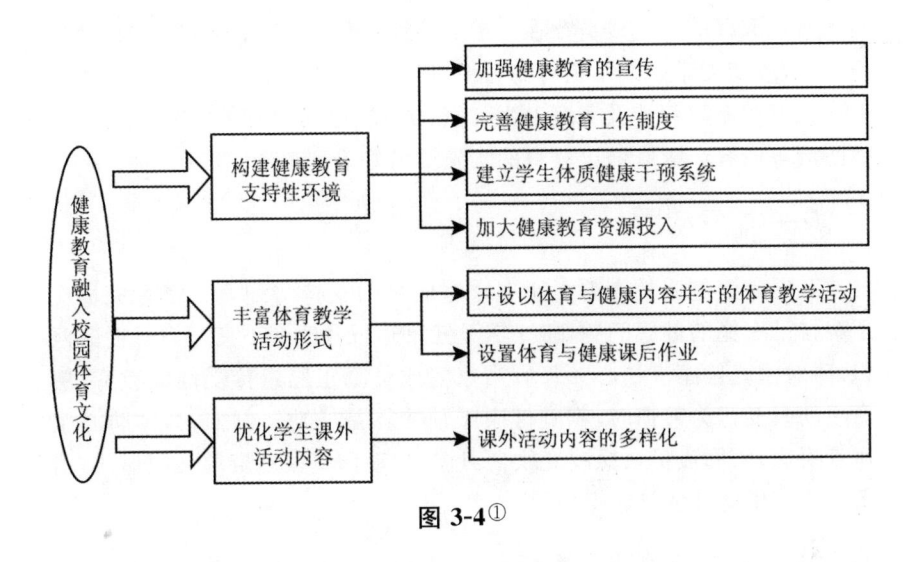

第三章 大学生体质健康干预方式与手段

```
健康教育融入校园体育文化
├─→ 构建健康教育支持性环境
│    ├─→ 加强健康教育的宣传
│    ├─→ 完善健康教育工作制度
│    ├─→ 建立学生体质健康干预系统
│    └─→ 加大健康教育资源投入
├─→ 丰富体育教学活动形式
│    ├─→ 开设以体育与健康内容并行的体育教学活动
│    └─→ 设置体育与健康课后作业
└─→ 优化学生课外活动内容
     └─→ 课外活动内容的多样化
```

图 3-4[①]

其次，丰富体育教学活动形式，开发具有健康教育意义的体育教学活动，布置体育作业，促进大学生健康成长。

最后，优化课外体育活动内容，利用学校体育资源组织策划丰富多彩的课外体育活动，将健康教育知识技能竞赛和课外体育竞赛结合起来，促进大学生掌握健康教育内容。

第二节 家庭健康教育干预

一、家庭健康教育的实施

家庭环境在很大程度上影响大学生的行为方式、生活方式及体质健康。在大学生健康干预中，需要考虑家庭在行为改变中的社会支持作用。一些校园常见病与大学生个人饮食习惯有关，而大学生的饮食习惯

[①] 陈荣,朱林可,罗翊君.学校体育与健康教育融合途径探究[J].上饶师范学院学报,2020,40(06):93-98.

与其所在家庭的其他成员存在一定的共性,因此有必要从家庭的角度进行干预,改变大学生的不良行为习惯,促进大学生健康。

家庭健康教育涉及家庭卫生、生活方式、运动与营养、心理健康、疾病防治等内容。家庭健康教育的实施要做好下列工作:

(一)家庭动员

开展家庭健康教育需要所有家庭成员的支持与配合。家庭成员应了解自己家庭的健康问题,树立学习健康知识和改变不良行为习惯的意识,要对家庭健康有信心。只有当家庭成员真正愿意接受健康教育,愿意主动改变行为习惯时,家庭健康干预才算是成功。例如,为预防心脑血管疾病,家庭成员自愿改变饮食习惯,主动调整家庭资源分配形式,给下一代提供更好的健康保障。

(二)家庭健康问题诊断

家庭成员共同查找、分析家庭主要健康问题,必要时可以向社区卫生工作人员请求帮助,具体方法有问卷调查法、现场观察法和家庭成员讨论法等,确定主要健康问题后,提出解决方案和行为改变目标。

(三)提供健康膳食

学生家长应学习一些健康饮食与膳食营养的相关知识,了解孩子身体发育对营养的特殊需求,从而在孩子放假回家后为其提供均衡营养和合理膳食。有些家长认为孩子必须每天大鱼大肉才对健康有益,其实这是错误的健康观,它容易引起肥胖及其他慢性并发病。家长必须扭转这一思想,树立正确的营养观念,让孩子全面均衡补充营养,再加上科学锻炼,不断提高健康水平。

(四)家庭主要成员健康培训

对家庭主要成员实施健康培训的目的是使其掌握健康知识和技能,并传播给其他成员,履行自己在本家庭中进行健康教育的责任,以家庭健康管理者的身份教育和监督家人。

(五)建立家庭成员的相互支持关系

在个人行为的调整与完善过程中,得到家庭成员的支持十分重要,家庭成员相互支持是改变行为的重要推动力。例如,减肥者需要得到家人的支持,包括情感支持、运动监督和饮食监督。

(六)组织家庭健康行动小组

家庭健康行动小组是由几个家庭组成的。其中一个家庭可以容纳小组的全部成员,这样便于组织活动和集体学习健康知识。家庭健康行动小组成员共同商定小组的活动内容、活动形式、活动时间与频率。小组成员主动收集健康资源,并相互分享,相互监督,共同进步。

在家庭健康行动小组的组织中,可以请参加的家庭制定健康学习和健康促进计划,设定阶段性目标,围绕目标展开小组活动;可以将社区文娱活动引入小组活动中,增强家庭小组之间的情感联系,从而达到合作、交流、健康促进的目的。

二、家庭体育活动的开展

现在很多家长只重视孩子的文化课成绩,而不重视孩子的体育锻炼,这是进入高校的大学生体质健康水平较低的一个主要原因。为了改善大学生的健康现状,应该在中学阶段就重视学生的体育锻炼。家长和子女共同参加丰富多彩的体育活动,可以改善子女的身体素质,提高其健康水平。开展家庭体育娱乐活动可以培养学生的体育兴趣,缓解学习压力,满足情感需求,获得快乐体验等。这些都是家庭实施健康干预与监控的重要手段。

为推动家庭体育活动的开展,应做好下列工作:

(一)宣传全民健身

全民健身是促进全民健康、提高全民素质的系统工程。全民健康是现代社会发展的需要,也是健康中国建设的需要。要进一步发展全民健身,就必须充分利用媒体来扩大宣传,使全民健身工程落实到各家各户,让所有家庭成员都树立全民健身理念,提高家庭成员自主锻炼的意识。

(二)形成健康的体育生活方式

现代社会生活方式应与人们的身心健康共同发展。现代社会倡导科学、文明、健康的生活方式,体育生活就是这样一种生活方式,它贴近人的本质,体现人的价值,有益于人类健康,因此必须大力倡导这种生活方式。让体育生活方式融入每个家庭,对家庭成员的健康很有帮助。

(三)建立自发性家庭体育组织

建立自发性家庭体育组织可促进家庭体育活动的开展和家庭体育的规范化发展。家庭体育的良性发展离不开自由民主的氛围,因此家庭体育组织的自发性组织需要由政府、社会、家庭共同决策。组织的结构模型如图 3-5 所示。

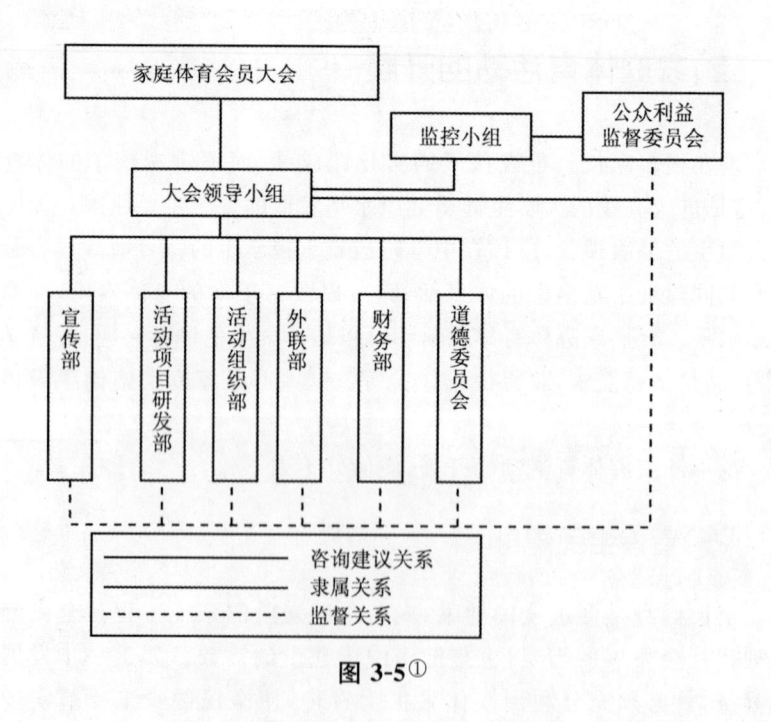

图 3-5[①]

[①] 林秀春. 家庭体育促进青少年学生体质健康的策略研究[J]. 武夷学院学报,2011(05):84-88.

第三章　大学生体质健康干预方式与手段

(四)完善家庭体育服务体系

在社会主义市场经济下,我国很多社会服务职能都在向社区和家庭中转移,其中就包括体育服务职能,这有力地推动了家庭体育健身服务的发展。构建家庭体育服务体系,要体现多元化,转变传统观念,树立科学健身理念,这有助于普及科学、健康、文明的社会体育生活方式及提高家庭成员的健康质量。

(五)促进家庭体育与高校体育的互动

深入研究家庭体育与高校体育的内在联系具有重要意义。具体表现为科学指导家庭体育活动,促进家庭体育与高校体育良性互动及循环发展机制的形成,丰富高校体育和家庭体育活动形式,显著提高大学生的体质健康水平。

第三节　社会医疗保障干预

近年来,社会各界呼吁在社会基本医疗保险制度中将大学生作为保障对象之一,一些地方相继响应呼吁,开始了这方面的尝试。在社会基本医疗保险制度中纳入大学生这个特殊群体,体现了社会的发展与进步。社会保险对大学生来说具有下列几方面的优势:

首先,社会保险作为基本社会保障制度,具有稳定性。

其次,覆盖面广的社会保险惠及各个群体。

再次,保费较低,在大学生的能力范围内基本可以接受。

最后,社会保险对被保险人是否患病没有限制,大学生即使患病也能参保,这是其与商业保险的一个区别。

以上优势说明了将大学生纳入社会基本医疗保障制度中具有可行性。发挥社会医疗保障对大学生健康的积极干预功能需要从以下几个方面来践行:

一、建立大学生社会医疗保险制度

对社会基本医疗卫生制度加以建立与健全,使该制度覆盖广大城乡居民,提高医疗卫生服务的便捷性、安全性,这是改革医疗卫生体制的重要目标。为实现该目标,要将社会医疗保险的覆盖范围进一步扩大,切实保障弱势群体的健康权益,这也是促进医疗保险制度社会化水平提升的重要路径。现阶段,关于改革基本医疗保险体系,将大学生纳入其中的呼声很高,各地也纷纷开始尝试与推进相关工作,但是因为大学生如何参加医疗保险的问题不明确,各地采用的方式有差异,而且不能保证所有大学生都可以顺利参加社会保险,因此相关尝试性工作的开展受到了制约,未取得明显的效果。基于这个问题,建立统一的大学生医疗保险制度很有必要。具体措施如下:

(一)政府补助、建立统筹基金

首先,目前来看,仅依靠某一方的力量来办医疗保险是难以为继的。由于大学生群体是非劳动者、没有独立收入,鉴于该群体的特殊性,应该将政府财政拨款作为医保基金的主要来源。

其次,高校和大学生个人也应承担责任。大学生缴纳一部分费用,学校按比例给予补贴,形成政府主导、学校和个人共同参与的筹资机制,重点解决住院和重大疾病的医疗费用问题,同时兼顾普通门诊医疗。

最后,按照地方城镇居民基本医疗保险相应政策规定来执行大学生参加城镇居民基本医疗保险的个人缴费标准、学校以及政府补助标准,以及住院及重疾就医的起付标准、支付比例、用药范围。

(二)有效处理异地就医问题

我国社会医疗保险制度划分统筹区,实行属地化管理。由于在校大学生的特殊性,会出现异地就医行为,因此国家应该保障异地就医学生平等享受医保待遇的权利。国家政策应规定符合高校管理的因病休学、见习实习、寒暑假等法定不在校期间,需要在高校所在地之外就医的,或因病情需要转往外地住院就医的学生,可选择该地区的医保定点医疗机构就医,期间所发生的医疗费用,符合基本医疗保险报销规定的部分,由大学生医疗保险统筹基金按学生学籍所在地区的规定予以支付。①

二、注重对高校校医院的改革

高校大学生的数量非常大,高校已经成为人口密集的大社区。校医院作为高校唯一的医疗机构,对大学生的健康保健、疾病预防以及医疗服务承担着重要责任。然而,目前我国高校基本都采取自办校医院的方式,学生医疗保障经费较低,而且普遍存在医疗水平较低、医疗设备缺乏、药品不健全、医务人员配备不足、限制转院等问题,这些对大学生的健康造成了严重影响。多数大学生患病后首选校医院就诊,但是就诊后的满意度普遍不高,治疗效果也有限。因此,为保障大学生的健康,对高校医院进行改革非常必要。具体措施如下:

首先,政府加大对校医院人力、物力、财力的投入,按照社区医院的标准完善基础设施和医疗设备。同时配备专业的医务人员,提高校医院的专业治疗水平。

其次,提高校医院医务人员的服务意识,给患病学生专业的治疗以及关心和温暖。

最后,校医院发挥社区医院的功能。高校将校医院作为医疗保险定点医院,向参保学生提供基本医疗保健服务,以门诊治疗为主,总医疗费用由社会医疗保险部门拨款,超支不补,结余归医院。另外,校医院与医保定点的三级医院建立严格的双项转诊制度,三级医院主要负责大学生的住院治疗。②

三、针对大学生开发商业医疗保险

社会医疗保险制度是大学生医疗保障体系的基石,属于政府行为。商业医疗保险属于大学生个人行为,其作为社会医疗保险的补充,可以满足不同经济水平大学生的医疗保险需求。商业医疗保险应该注重保障大学生基本医疗保险范围内不保障的项目,减轻大学生医疗费用负

---

①② 吉莹.全民医保背景下大学生医疗保障制度改革研究[D].南京:江苏大学,2010.

担。政府需要明确商业保险在大学生医疗保障中的功能与定位,规范商业保险的运营模式,给予财政优惠政策,激励商业保险公司出台更完善的保险计划,提高服务质量,给大学生最好的保障。另外,还应建立以社会医疗保险为主,商业医疗保险为辅,社会医疗保险和商业医疗保险相结合的医疗保险体系,以有效分散重大疾病和意外伤害风险。①

四、加强健康教育,有效预防疾病

当前,造成大学生体质健康问题的主要原因有挑食、暴饮暴食、熬夜、缺乏锻炼、酗酒、抽烟等。大学生缺乏健康意识、自我保健能力,没有形成良好的运动习惯与生活习惯,这都严重影响了大学生的体质健康。鉴于此,在社会干预方面加强健康教育与健康促进至关重要。

在全民素质教育和健康中国背景下,要解决普遍性的社会健康与卫生问题,就必须将健康教育与健康促进高度重视起来,这是实现全民健康与提升全民综合素质等战略目标的重要举措。在社会健康教育的实施中,要特别重视疾病预防的教育工作,通过有效的预防可以使大学生的患病率有效降低。一定程度上预防疾病比治疗疾病更重要,相对来说预防的成本较少,可以减轻社会财政负担和资源压力。社会有关部门要面向大学生提供健康体检、健康咨询、健康教育等服务,了解大学生的健康状况,提供有效的意见和优质的健康服务,使大学生的健康观念、自我保健能力不断强化。

五、重视对贫困大学生的医疗救助

高校贫困大学生一直以来都是高校比较关注的一个弱势群体。高校大学生来自全国各地,任何一所大学都存在家庭经济条件差的贫困生甚至是特困生,这些弱势群体在医疗保险费用方面显然没有支付能力,甚至生病或发生意外后因为没有能力承担医疗费用而不敢去医院治疗,从而严重影响了身体健康。

人人都享有健康的权利,社会医疗卫生服务应保障社会成员的健康

---

① 吉莹.全民医保背景下大学生医疗保障制度改革研究[D].南京:江苏大学,2010.

权利,强调医疗服务的平等性。大学生作为国家建设的接班人和社会中坚力量,应该得到社会医疗救助。因此,针对大学生群体建立医疗救助制度,为大学生补助医疗费用具有重要意义。这能够使大学生在患病后主动就医,获得及时的专业治疗,促进身体康复。

建议从下列渠道为大学生筹集医疗补助和救助资金。

首先,政府拨款。对大学贫困生的医疗救助基金可从政府财政税收中分拨,严格规定这类资金只能用于对大学生的医疗救助。

其次,大学生医疗救助资金还可从地方医疗保险部门中获取,具体来源于这些部门的统筹基金中。

最后,面向社会企事业单位筹集捐款,捐款活动的发起者主要是地方医疗保险部门。也可以利用互联网构建救助平台,面向互联网用户筹集资金。

六、落实面向大学生的医疗保障立法工作

法律具有权威性、稳定性、长期性,法律是推行各项工作的重要保证。单靠政府部门出台政策来推行大学生社会医疗保障制度是不现实的,还需要从国家层面制定法律,提供法律保障。目前来看,这方面的法律还处于缺失状态,需要抓紧解决立法工作,为大学生提供切实可行的医疗保障。在立法工作的开展中,要明确一些重要问题,如各级政府的职责、社会医疗保险的资金来源、法律的具体实施路径以及大学生享有的权利和需要履行的义务等,从法律上充分保障大学生的合法权益,为大学生的健康提供最为坚强和可靠的法律后盾。[①]

第四节　构建家庭、学校、社会"三位一体"的体质健康干预模式

我国大学生的体质健康问题表现在身体形态、身体机能、身体素质等多个方面,已经出现的健康问题或还未出现明显症状的健康隐患对大

---

① 吉莹. 全民医保背景下大学生医疗保障制度改革研究[D]. 南京:江苏大学,2010.

学生的学习与生活造成了严重的困扰。从宏观上而言，大学生的体质健康问题不仅仅是学生个人的问题、高校教育的问题，也是重要的社会问题，因此我们面对这个问题丝毫不能松懈，不能放松警惕，更不能熟视无睹、放任不管，必须第一时间采取措施来解决健康问题，进行积极的健康干预，这是一项长期、系统且复杂的工程。

上面已经提到，大学生体质健康受到家庭、学校、社会各方面因素的影响，因此应该从这几个方面着手实施对大学生体质健康的科学干预。但目前来看，学校、家庭、社会对大学生体质健康的干预是相对孤立的，干预工作基本没有交集，也未形成协同互动的综合机制，这就直接影响了对大学生体质健康的干预成效，制约了大学生体质健康状况的快速改善。为尽快解决大学生的体质健康问题，提高大学生的健康水平，在大学生体质健康干预中应将家庭干预、学校干预及社会干预三方面的干预方式有机结合起来，构建三位一体的协同干预模式，以有效提高干预效果。

一、家庭、学校、社会"三位一体"协同促进大学生体质健康的现状

（一）目标不统一

目前来看，高校过分强调智育和竞技体育，相对来说，对大学生身心健康有益的大众体育不受重视，"重智轻体"的现象普遍存在。尽管高校对大学生体质健康的重要性有一定的认识，但在传统教育制度的影响下难以全面推进健康促进工作，这在随意缩减与挤占体育课的现象中就能体现出来。在促进大学生体质健康方面，学校、家庭以及社会各自干预，没有统一的目标，缺乏必要的互动，也无法达到互补的效果。

（二）责任不明确

在家庭、学校、社会"三位一体"协同促进大学生体质健康的过程中存在以下疑虑：

第三章　大学生体质健康干预方式与手段

(1)谁是参与主体？
(2)谁是客体？
(3)如何区分主客体？
(4)主客体各自承担什么责任？
(5)学校、家庭及社会的责任边界如何区分？

如果不能清楚地回答上述问题，将难以提高对大学生体质健康协同干预的效果。在大学生体质健康干预中，家庭、学校和社会都是干预者和促进者的角色，但三者的责任模糊，缺乏系统的组织来引导三者有序开展健康促进工作，因此影响了最终的干预效果，无法从根本上解决大学生的体质健康问题。

(三)体系不健全

当前，我国社会、家庭及学校在推动大学生体质健康发展的过程中主要是各自干预，缺乏合作与互动。社区不知道高校针对大学生体质健康开展了哪些干预工作，也不清楚高校体育工作有哪些需要补充的地方，二者缺乏有效沟通，因此社区不知如何协助。现阶段，在我国大学生体质健康促进工程中还未建立起包含学校、家庭以及社会在内的完整体系结构，健康促进工作缺乏组织性、针对性，最终导致效率低、效果差。

二、家庭、学校、社会"三位一体"协同促进大学生体质健康的路径

(一)转变观念,形成合力

学校、家庭、社会协同促进大学生体质健康的过程中，学校始终是主体，因此要充分发挥高等教育尤其是高校体育教育的体质健康促进作用。在此基础上，将高校、家庭和社会的优势资源集中整合起来运用到干预工作中，促进三者的协同互助，弥补各自的不足，发挥各自的优势，以最大化地提高体质健康促进效果，同时也有助于促进学校、家庭及社会实现共赢。

为了实现互惠互利及提高健康促进效果的目标，高校要及时转变观念，对开展体育教育、课外体育活动及建设校园体育文化予以高度重视，

构建课内外一体化的健康促进模式;学生家长要鼓励大学生走出教室,走进操场,科学锻炼,保证每天有1小时的锻炼时间;社会有关部门要树立高度的责任感,认清在促进大学生健康方面背负的责任。在各方面各自努力下构建协同性的健康促进机制,发挥三方力量充分保障大学生体质健康。各方面要主动分享自己的优势资源,使三方能够共享资源,提高健康干预效率。在三方合作与互动的过程中,因为高校在大学生健康促进干预中发挥主体性,所以高校要主动与学生家长沟通,并寻求有利的社会资源,安排好各个环节的对接工作,以获得家庭与社会的协助与配合。

(二)利用信息技术推动协同发展

随着现代信息技术的迅猛发展,信息技术在社会各个行业的运用越来越普遍。利用先进便捷的现代信息技术,能够提高家庭、学校及社会的互动效率,增进三者的关系,提高三者协同促进大学生体质健康的效果。信息技术为家庭、学校、社会"三位一体"的体质健康干预模式的构建与运行提供了可能和便利。

国家重视大学生体质健康,出台了相应的政策与制度,社会各个方面都应该为这些政策与制度的落实而贡献力量,大力响应国家号召,为改善大学生体质贡献自己的一份力量。在学校、家庭及社会的协同发展中,全社会要予以支持和鼓励,使三者的健康促进价值得到做大程度的发挥。

家庭体育与健康教育对大学生的熏陶是潜移默化的,因此不能忽视家庭健康教育与体育工作的开展。高校在落实体育教育工作的同时,要主动利用现代信息技术面向全社会寻求"同盟军",以获得更有价值的协作。社会体育的发展对营造良好的体育锻炼氛围具有重要意义,因此要积极开展社会体育工作,同时也要利用现代信息技术完善社会医疗保障制度,切实保障大学生的健康权益。对于高校、家庭及社会的协同机制的运行,可采用现代信息技术进行监督与管理,以提高"三位一体"的协同互补性健康干预模式的运行效率。

(三)建立健全评估机制

家庭、学校、社会三位一体的体质健康干预模式的运行情况直接

第三章 大学生体质健康干预方式与手段

影响协同干预的最终效果,影响大学生体质健康现状的改善程度及大学生在现有健康基础上的提升水平。因此有必要针对这一协同干预模式而建立相应的评估机制,着重监控协同干预模式的运行过程,评估该模式的实施结果,通过严密的动态监控与严谨的结果评估,发现协同干预机制的问题及缺陷,以期进一步完善该模式,提高对大学生的体质干预效果。

第四章　大学生心理健康与干预

心理健康,对于大学生来说处于重要的基础性地位。具体来说,所谓的心理健康,是指一种心理状态,而且这种心理状态相对持续稳定,不管遇到什么样的障碍和困难,心理都不会失调,情绪稳定,行为适度,并且在自己的工作和周围的环境方面都有着很好的适应能力。可以说,大学生的心理健康至关重要,对其进行干预也是非常有必要的。鉴于此,就需要对大学生心理健康的基本情况有所了解,并对一些心理健康方面的问题等进行针对性干预。本章主要对大学生心理发展的特点、心理健康的标准与影响因素、常见心理问题及其原因、健康心理的科学培养以及心理疾病与心理治疗等进行分析和探索。

第一节　大学生心理发展的特点

关于大学生心理发展的特点,可以大致总结为以下几点:

一、过渡性

人的一生中,不管是其生理还是心理,都在发展上呈现出一定的特点。对于大学生心理发展来说也是如此,具体可以从以下几个方面得到体现:

(1)心理发展水平方面,大部分大学生的心理发展正处于迅速走向成熟又没有完全成熟的时期。

(2)心理的发展过程方面,不仅其核心要素思维发生了转变,其情感也有所变化,主要表现为核心要素思维已由经验型逐渐转化为理论型,情感则从激情体验、易感状态,逐步深化,过渡到富有热情,充满青春活力,礼会道德感和社会责任感增强的状态。

(3)意志行动方面,从容易冲动发展到具有一定的自控力,形成了相对稳定的行为习惯。

(4)个性发展方面,大学生的性格、能力等个性心理特点都已经逐渐趋于稳定和成熟。

(5)理想、信念、价值观、世界观等方面,也逐渐与成人的发展水平相近。

二、可塑性

大学生心理发展的可塑性特点,可以从两个方面得到体现:一个是外部原因,即外界环境。日常学习和生活中,会存在着各种各样的干扰和困惑,如果不求变,则凡事难通,那些偏执、极端、执拗等则使其"行路"艰难。另一个是内部原因,也就是大学生自身。大学生本身就是一个将真善美作为追求目标的群体,他们对人生、对世界都抱着唯美心理,这也是他们完善自我、完美自身的一个主观性动力。

三、矛盾性

当前,大学生所接受的教育时间基本都在十多年,在经历了小学、初中、高中之后进入大学,都是主要处于学校的环境之中的,几乎没有社会生活经验,心理社会化成熟度滞后于生理成熟度,经济上不独立。

另外,由于受现代多元价值的影响等,大学生心理发展呈现出一定的积极面,同时,也存在着一定的消极面,这也是矛盾和冲突产生的重要源头所在。如独立和依赖的矛盾、理想和现实的矛盾、强烈的成就意识与知识经验不足的矛盾,心理封闭与寻求理解的矛盾,性生理成熟和性心理成熟相对迟缓的矛盾,等等。

四、差异性

大学生心理发展的差异性主要表现在不同年级的大学生呈现出不

同的发展特点。

一般的,大学生的大学时期通常可以分为以下三个阶段,每个阶段都有其各自的心理发展特点。

(一)入学适应阶段

从高中阶段进入到大学阶段,刚刚走进大学校园的大学生在平时的生活节奏和心理上都是有较大变化的,原有的、习惯了的心理机能被打乱了,心理定式被破坏了。初步踏入到这陌生的环境中,大学生必须尽可能地去适应新的环境,建立新的心理结构,这样,新的心理平衡才能建立并维持下去。在大学生刚刚步入大学校园的这一阶段,所强调的重点就是入学后的适应,新的人际关系的建立。

可以说,入学适应阶段是整个大学阶段最困难的时期。如果无法顺利适应新的环境和新的节奏,就会对整个大学时期的学习和生活产生影响。适应期的长短因人而异,适应能力强的人,所需时间短一些。一般来讲,大约要一个学期。

(二)稳定发展阶段

在度过了入学适应阶段之后,就进入到了大学生活全面发展和深化的阶段,这一阶段的主要特点就是发展稳定。在这一时期,大学生对大学生活已经形成了适应,并且也初步建立起了新的心理平衡。大学生活进入相对稳定的时期,这是大学生成长、成才的关键时期。这一时期时间较长,一般要持续到大学毕业前夕。

在这一阶段,大学生会遇到许多新问题、新情况,需要作出抉择和回答。同时,在这一阶段中往往会出现一些突出的心理问题,比如,恋爱与性心理健康,成才道路的选择与理想的树立,学习目标的实现与学习态度、学习方法的掌握以及形成优良的学习心理结构等。这个时期是大学生人生观形成时期,也是实现教育目标的关键时期,一定要加以重视。

(三)准备就业阶段

大学生经过四年的生活和学习,世界观、人生观已经开始逐步形成。这一时期是大学生从学生生活向职业生活过渡的时期,他们即将面临新的心理挑战,包括择业就业中双向选择的压力等,这些又会对大学生的心理产生一定影响。他们对未来的生活道路会产生种种设想,而这些设想多数与现实有着一定距离。

这一阶段是大学生各方面素质进行综合考验的阶段,同时又是进一步促进大学生心理成熟的阶段,此时期大学生的心理特点主要表现为紧迫感、责任感和忧虑。

第二节 大学生心理健康的标准与影响因素

一、大学生心理健康的标准

以我国大学生的年龄、心理为主要依据,再结合其社会角色等,可以将大学生心理健康的基本标准大致归纳为以下几点:

(一)良好的社会适应性

人生来就是作为生物存在的,因此,具有显著的生物性特点,同时,人还具有社会性,这主要是由于人是处于社会环境中的。人类生活在充满矛盾、复杂多变的世界中,每时每刻都受到社会环境的影响。心理健康中包含着各种各样的因素,而社会适应性是其中之一,因此,如果在社会适应性方面欠缺,则表明其心理健康方面是存在缺陷的,无法在现代社会中生存和适应,更谈不上对社会做出积极贡献。对于此,可以从以下两个方面加以深入理解:

(1)对各种自然环境有较强的适应能力。心理健康者往往对不同气候、温度和各种地理环境有较强的适应能力。

(2)在人际关系方面有较强的适应能力。在现代社会中,每个人都是在人类群体中生活的,这就使其处于纵横交错的人际关系中。心理健康的人在处理人际交往,协调生活中的各类矛盾更具优势。

从心理卫生角度来看,心理不健康的问题主要表现为高分低能型的"书呆子",这与社会发展所需要的心理健康者的要求是不符的。

(二)性格健全,没有缺陷

在个性中,性格这一表现是处于最核心、最本质的地位的,具体来说,可以将其理解为个人对自己、他人、现实环境所采取的态度和习惯化了的行为方式。同样的愿望,即便所针对的人物和所处的环境是相同的,由于性格上的差异性,其表现出的行为方式也会存在一定的差异性。

性格本身具有显著的稳定性、可塑性和独特性等。其中相对稳定性是重要特征。某种性格一旦形成,就会对整个心理活动产生持续性的长期影响。因此,对于个人心理健康和成长来说,性格所产生的影响和意义是不能忽视的。可以说,性格健康,没有缺陷是重要的心理健康标准。

(1)健全的性格表现:对自己、对外界的态度和行为方式符合社会规范,协调和稳定,具有良好的社会适应性,有一定的自控自制能力。

(2)性格不健全的表现:性格脆弱,反复无常,极端的内向或外倾,与他人或社会生活长期处于格格不入的偏异状态等。如果有这些性格特征,那么,这个人在可能是心理缺陷者或者心理疾病患者,需要引起特殊的高度关注。

(三)情感和情绪的稳定协调,有乐观、积极进取的精神

心理健康的一个重要标准就是情感和情绪稳定协调。可以说,这是人们身体健康、疾病防治、事业成败、身心功能完整和维持心理平衡的一种心理防卫功能。

(1)健康的情感反应:短期有目的和有对象的表露内心情绪,甚至激情状态;情绪愉快,保持充分的安全感和幸福感;保持情绪平衡,能自制自控,充满自信心。

(2)不健康的情感反应:经常情绪波动、反复无常;对他人和任何事物无动于衷,冷漠无情,麻木不仁;充满紧张、焦虑、忧郁情绪或不安定感;情感长期不协调,喜怒无常,无法自制自控等。

(四)智力正常

智力,也被称为智能,主要是指大脑活动的整体性功能表现。这里需要明确的一点,学习成绩佳、高分者与高智能之间并不是等同的关系。智能是一种综合能力,涉及计算、判断、理解、记忆、抽象思维功能等多种

能力,其所反映的是整个心理活动水平。智力正常是心理健康的重要条件,具有现实意义。良好的智力水平是保证大学生学业成功必备的心理基础。

(五)意志健全和行为协调

人自觉地确定目标,支配行动,克服困难,以实现预定目标的心理过程,就是所谓的意志。自觉性、果断性、自制性和坚持性是意志健康的重要衡量标准。

(1)心理不健康表现:意志处于过强或过弱两种极端状态。前者呈现武断独行,我行我素,固执己见;后者表现为模棱两可,畏惧退缩,缺乏信心和决心。

(2)意志与行动之间关系密切。没有行为表现就很难将意志特征表现出来,因此,这也被称为意志行为的心理过程。行为协调统一,能够将一个人意志健全状态反映出来;而行为纷乱,矛盾分裂,缺乏协调一致的完整性,则反映出一个人意志不健全的状态。

(六)适度的反应能力

反应能力,实际上就是一种信号(信息)接受和反馈过程,这是人类基本的心理活动之一。具体来说,就是大脑接受体内外环境和各种信号,通过分析综合,判断推理,作出相应的反应,从而达到生理、心理协调平衡的最佳状态。

由于每个人本身存在着差异性,因此,在对事物的反应能力和解决问题的敏捷度方面也是不尽相同的。影响一个人的反应能力的因素有很多,其中,决定性因素主要有个性特点、思维模式、智力水平和社会适应性等,也可以将其理解个体心理差异的存在。

一般的,不健康心理状态可以从对事物反应过分敏感强烈、疑神疑鬼、草木皆兵或迟钝缓慢、优柔寡断等方面体现出来。

(七)心理特点符合年龄实际

关于年龄,可以有不同的理解,通常,在心理健康方面主要涉及以下几个年龄类型:

1. 实际年龄

主要是指人们无法改变的自然年龄。

2. 生理年龄

生理年龄,主要是指生理发育成长的年龄。生理年龄与实际年龄之间也并非是一致的。一般的,热带地区的居民,生理发育快、早熟,这就反映出了生理年龄大于实际年龄的情况;而寒带地区,营养不良或患有慢性消耗性疾病的人,生理发育延迟,这就将其生理年龄低于实际年龄的情况反映了出来。

3. 心理年龄

心理年龄,主要是指人的心理特征及表征的年龄特点。其又可以进一步分为两个方面:一个是心理年龄提前或早熟,是指超越本人所处的心理期;另一个是与之相对的推迟或不成熟。

4. 社会年龄

社会年龄主要是指一个人处世待人,适应社会能力的大小。社会年龄与前三种年龄之间是处于不同的层次的。比如,有的人年纪不大,但是处世老练,社会适应能力很强,说明社会年龄较大和成熟;反之亦然。

从大部分心理健康者的角度来说,心理特点是要与其实际年龄相符的,具体来说,就是要求心理和社会年龄与相应的实际年龄一致,"少年老成"(小老头儿)和"老人幼稚化"(老小孩儿)的状态都是不合理、不健康的。

(八)清醒的意识度

心理健康者必须要有清晰的意识,而且有良好的意识水平、意识范围、意识的清醒程度等,这些都是强度和质量方面的要求。

"意识障碍",就是指意识清晰程度下降、意识范围狭窄和意识呈现多样化改变。通常,一个人在非睡眠状况下出现各种意识障碍表现(神志模糊、谵妄、昏迷等),所反映的都是严重心理疾病或躯体疾病,因此,是心理不健康的表现。

(九)注意力的集中度

注意力,就是心理活动对一定事物的指向和集中的能力。这种心理功能通常只有人类和高级动物才具备。也可以将其理解为是大脑对"目标"事物保持最清晰、最有效的感知能力。

一个人,如果想完成自觉的心理行为,回避外来危害和保全生命,就必须具备注意集中和保持稳定的心理能力。如果存在着注意力涣散、迟钝,范围缩小,飘忽不定,随境转移,长时间幻想沉湎于某种事物的状况,则说明其心理不健康,上述行为也无法得到保证。

(十)完好的认知能力

要想对世界有所认识并形成思维,首先需要具备的一个重要的前提条件,即为具备完好的认知能力。严重耳聋、失明等会引发心理不健康。这些都是认知能力较差的表现。

二、大学生心理健康的影响因素

人的心理健康本身是一个动态过程,其包括许多相对独立的特质,因此,这就赋予了其复杂性的显著特点。因此,对大学生心理健康产生影响、造成心理障碍的因素也是多种多样且复杂的。可以将这些影响因素大致归纳为生物、心理、社会三个方面。

(一)生物遗传因素和生理发展的影响

对大学生心理健康产生影响的生物方面的因素主要有以下几个方面:

1. 遗传因素

一个人所表现出来的个体性特征与遗传因素有着非常密切的关系。其遗传因素主要涉及机体的构造、形态、感官和神经系统等方面的解剖生理特征。除此之外,个人的能力与性格的某些成分很大程度上也是受到遗传因素的影响。

2. 感染因素

人体本身是一个生物体,因此其存在着受到各种细菌、病毒感染的风险。这些感染因素会对个人的身体造成影响,尤其会使非常重要的大脑受到损害,进而就会造成器质性障碍或精神失常,由此,影响到心理健康。

3. 大脑的外伤

大脑的外伤主要是指物理性损伤、机械伤等。其中,较为常见的如产伤或窒息引起的脑乏氧。这些都会对大脑造成损害,进而造成心理发育异常。

4. 化学性损伤

人在日常生活中,偶尔也会遇到某些体外毒性化学物质侵入体内的情况,比如,化学药物中毒、酒精中毒、铅中毒、食物中毒、煤气中毒等,这些化学性损伤都会导致人体意识和精神障碍,这对于心理健康也是不利的。

5. 内分泌功能障碍

人体内分泌功能障碍的情况有很多,比如常见的甲状腺功能低下或甲状腺功能亢进等,这些都可造成智能低下及心理障碍,不利于心理健康的维持。

6. 脑器质与功能性障碍

脑器质与功能性障碍主要是指脑血栓、脑出血、脑梗死后遗症等这些状况,它们都会引发智力低下、幼稚、记忆力减退、人格改变、易激惹、脾气暴躁等情况的发生,进而导致人的整个心理过程都发生相应的改变。

(二)心理、社会因素的影响

对大学生心理健康产生影响的心理和社会方面的因素主要有以下几个方面:

1. 早期教育与家庭环境

社会是由多方面因素组合而成的,家庭只是其中的一个组成单位。具体来说,家庭是以血缘为纽带的社会生活的基本单位,是社会的缩影。社会对大学生所造成的影响,通常都是以社会意识形态、社会生产方式和各种社会关系的形式,以家庭为媒介而产生的。

2. 生活事件与社会环境变迁

人本身就是处于社会环境之中的,人的各种行为都与社会有着千丝万缕的联系。社会生活的变动都会对人们产生影响,这种影响可以是积极的,也可以是消极的,但是,都能从心理层面产生应激反应。这对于大学生也是如此。究其原因,主要是由于当个体遇到众多生活事件后,其心理应激水平就会增加,进而对个体的生理反应和心理平衡产生影响,由此,就会影响到个体的躯体和心理健康。

3. 心理冲突

人处于社会生活中,时时刻刻都会面临着各种各样的选择,但是当一个人作出选择时,却往往会面临冲突的情景,即确定一个选择的同时就需要抛弃另一个选择。而这些就会导致心理冲突的产生。一个人如果长期处于某种心理冲突状态中,他的身体和心理健康所受到的影响往往就是消极的。

4. 特殊的人格特征

每个人作为一个特殊的个体,其在包含人格特征在内的各个方面都体现出特有的特点,这也会严重影响到人的心理健康,是心理障碍或精神失常产生的一个重要病前因素。

第三节 大学生常见心理问题与原因分析

通常,可以将人的心理健康水平分为三个等级:一般常态心理者、轻度失调心理者和严重病态心理者。我们在这里所讲一般的心理问题,主要发生于一般常态心理者和轻度失调心理者身上。这里所说的大学生常见的心理问题,主要是指一般的心理问题,这是大部分大学生身上都会发生的,是随时可见的。所以说,在现实生活中,每个人都有或大或小,或多或少,各种各样的心理问题。需要注意的是,这里所说的心理问题与心理障碍或是心理疾病是不同的。这里就对大学生常见的心理问题及原因进行分析和研究。

一、大学生常见的心理问题

对于大学生来说,其经常遇到的心理问题是多种多样的。大致可以归纳为以下几点:

(一)适应方面的问题

对于大学生来说,所谓的适应方面的问题主要是指新生从高中升到大学,其心理素质和能力都会受到全面的考验。由于在中学时代,学生的主要任务就是学习,这就导致在生活方面通常是由家长来代劳的,很多学生在自我独立生活能力方面比较欠缺,在生活、学习、人际交往能力、承受力方面存在一定的不足之处,在这个阶段就会显露出来,从而对新环境产生种种不适应。具体来说,大学生适应方面的心理问题表现在以下几个方面:

1. 异地求学的失落感

对于部分大学生来说,中学通常离家比较近,但是大学通常会在离家比较远的外地,再加上其没有在外生活的经验,尤其是独立意识差,情感依恋,心理脆弱,大学对此就会很难适应,会产生想家的念头,产生异地求学的失落感和对过去时光的留恋感。这是大部分大学生都会面临的心理问题。

2. 很难作出客观且正确的自我评价

由于大学都是经过高考之后,筛选出的佼佼者,因此,在大学校园中,大部分的学生就失去了在学习上的优势,需要对自己有重新的认识和定位,而只能有少数人保持原来的中心地位和重要角色。因此,这就导致大多数学生将从中心角色向普通角色转变,而要进行客观且正确的自我评价,这对于大部分大学生来说,是存在着较大的冲击和改变的,有些大学生可能会产生激烈的角色变化,心理落差也会相对大一些。

3. 理想与现实的差异

对于还没有踏入大学校园的学生来说,其对大学是有着非常美好的憧憬的,大学新生会在心目中勾画出一幅大学的完美图景。但是,绝大部分大学新生对大学的憧憬和对自己在大学中的表现都会或多或少存在一些不切实际的幻想和过高的期望,而当自己没有达到既定的目标时,理想中的自我与现实中的自我差距也会让大学生产生困惑和迷茫,从而导致情绪低落。

4. 人际适应不良导致孤独压抑

进入大学后,新生需要面对陌生的面孔和陌生的环境,这对缺乏人际交往经验的新生来说会有一定的困难,种种的人际适应不良使新生不敢打开心扉,从而使他们产生孤独压抑的感觉。

(二)人际交往方面的问题

在大学中,大学生对学习的关注度下降,取而代之的则是对人际关系的关注程度。大学生在新的环境中需要结交新的朋友,因此,对友情的渴望程度比较高。他们不仅愿意保持较广泛的人际交往,而且需要获得较密切的友情。因此,人际交往问题已经逐渐成为大学生最关注的问题之一。

但是,对于大部分的大学生来说,其在人际交往方面通常是缺乏经验的,因此,他们常常被人际交往中的种种困惑所缠绕。人际交往方面的问题,从广义上来说,主要包括同性间的人际关系和异性间的人际关系,而同性间的人际关系问题又主要表现在同宿舍人际间的关系上;从其自身的角度来说,人际交往方面的问题主要有难以和别人愉快相处、缺乏必要的交往技巧,以及由此而引起孤独、苦闷、缺少支持和关爱等痛苦感受。

(三)学习方面的问题

大学生在大学期间,需要通过学习专业知识并掌握专业技能来增强自身理论联系实际的能力,从而为进入社会参加工作创造条件。但是,在这一过程中,也会出现各种各样学习方面的心理问题。比如,一些同学由于短期内难以适应大学教学的方式和方法,因而感到学习压力大,出现学习不适应的问题;也有一些同学进入了自己不喜欢、不满意的学校或专业,表现为对学校或专业的不满;还有某些同学由于所学的专业和自己的兴趣、志向相差甚远,由此产生了个人志趣压抑的问题。由此,可以将大学生在学习方面的问题大致归纳为学习没有目的、学习缺乏动力、厌学情绪、学习焦虑、考试焦虑等。

(四)情绪方面的困扰

大学生的心理发展仍处于不断发展和趋于成熟的阶段,这样,就会导致他们的情绪波动较大,容易从一个极端跳到另一个极端。大学生面临的情绪方面的困扰主要有焦虑、自卑、嫉妒、忧郁、紧张、恐惧、害羞、孤独、烦恼等。

(五)恋爱与性方面的问题

大学生处于生理发展的青年期,对情感发展产生了强烈的需求。情感问题主要是爱情问题,还包括一些与家庭其他成员的关系和情感问题,个别的同性朋友之间的情感问题等。另外,处于青少年时期的大学生性心理发展逐渐接近成熟,爱情已经成为许多大学生大学生活的重要组成部分。大学生的爱情观还不成熟,再加上如何面对性等问题的迷茫与困惑,这些都是其心理问题的重要体现。

(六)职业选择方面的问题

对于大学生来说,除了要学习外,还要面临着未来职业选择的问题,这是高年级大学生常见的问题。现代社会的快速发展,需要大学生不断地提高自己的能力,拓宽自己的知识,但同时,大学生在社会竞争日趋激烈的今天,就业压力也越来越大。这种压力会给大学生带来一些心理问题。比如,自己的长处如何在职场中展现都会或多或少给他们带来困扰和忧虑。在职业选择中,大学生都会面临的心理问题主要有以下几个方面:

(1)自卑心理。对自己缺乏信心,对父母、学校有较强的依赖性,缺乏独立求职的观念。

(2)随意心理。对工作不够重视,持无所谓态度。

(3)盲从心理。在职业选择方面随大流,缺乏主见。

(4)自负心理。对自己能力有过高的评价,在职业选择过程中高估自己的实力。

(七)家庭贫困方面的问题

并不是所有的大学生都有着优渥的家庭条件,对于那些经济条件比较差的大学生来说,贫困使他们心灵深处会自觉不自觉地产生了一种挫折感,从而导致一系列的心理问题和心理障碍,比如,自卑、抑郁、焦虑、孤僻、人际关系敏感、自我封闭等,进而影响到他们的学习、生活、性格等。

二、大学生产生心理问题的原因

心理问题是复杂和多方面的,导致这些问题产生的原因也是多方面的,大致可以归纳为以下几点:

(一)大学生自身的因素

青年期是人生中心理变化最激烈的时期,正因为如此,进入大学阶段的大学生,在自我意识、个人情感、自我完善等各方面都在趋向独立和成熟,但是,由于认识水平和自身发展中的幼稚性以及社会阅历不足等原因,使得在成长过程中仍然会遇到各种各样的矛盾和困难。除此之外,大学生在情绪上也具有不稳定的特点,使得他们在面临一系列问题的时候无所适从,心理冲突、矛盾和问题接踵而至。另外,有些大学生心理承受力较差,他们往往对自己人生发展轨迹的计划过于简单,但是,这是理想化的体现,在实践中一旦出现不利的境况就无计可施,不能接受失败。这些个性特征使得大学生在面对人生的困境与挫折的时候茫然失措,产生一种挫折感。

(二)家庭教育的原因

　　家庭是社会生活中的细胞,是带给人营养和发展能量的地方。从心理学的角度上来说,家庭环境对人的一生都有着深远的影响,特别是早年形成的人格结构对以后的心理发展影响意义重大。家庭环境包括家庭人际关系、父母教育方式、父母人格特征等。父母对子女健康成长和人格完善负有主要责任,而家庭氛围、家庭教育对孩子的成长至关重要。父母大多只关心孩子的成绩、升学,对孩子寄予过高期望,这就使孩子的心理负担大大加重。某种意义上来说,一个人从出生到独立建立新家庭的过程中,原来的家庭会对他产生巨大的影响,并且从这个新建立的家庭的各个方面,都能找到原来家庭的痕迹。因此,一定要重视家庭对大学生的影响,从而有效规避相关心理问题。

(三)学校教育的原因

　　目前,我国所采用的教育形式,尤其是中小学教育仍然以应试教育为主,高校的设置模式依然是专业教育的模式,注重对大学生的专业知识和专业技能的培养。这种教育模式会影响学生在诸多身心发展方面应受到的教育和培养,心理素质不能达到应有的水平,也不能给学生提供情感的需要和多方面发展的需要,这就在无形中增加了学生在大学中的成长负担。这样培养出来的大学生大部分专业知识扎实,但是却存在着一些心理问题,比如,自我管理能力差、情感缺乏、心理素质差、责任意识淡薄、意志品质薄弱、过于单纯和幼稚、对挫折的承受能力低等。此外,大部分大学还存在对大学生心理健康关心的力度不够的问题。

(四)外界社会原因

　　所有的人都是在社会环境中活动和发展的,不同人对社会的了解和认识也不同。有人说,社会是一个万花筒;也有人说,社会是一所大学校;还有人说,社会是一个大染缸……但是无论如何,社会在一定程度上决定着人的发展,这对于大学生来说也是如此。在大学阶段,大学生不可避免地面临适应与发展的严峻挑战,比如生活环境的改变、生活能力的考验、人际关系的调试、学习竞争的压力、社会就业的紧迫等,都给大学生造成了一定的压力和挑战。但是,部分大学生在大学期间往往没有做好提前的准备,总是仓促应战,而经常处于这样或那样的应急状态,恰恰是导致心理疾患产生的外界因素。

第四节 大学生健康心理的科学培养

科学培养大学生健康心理,可以从以下几个方面着手来进行:

一、妥善处理生活事件与心理压力

在现代社会中,每个人不管是学习还是工作方面都面临着一定的压力,这些对于大学生来说也不例外。因此,培养大学生健康心理,对这些问题和压力进行妥善处理是至关重要的。

(一)要树立正确的人生观和世界观

这是最为前沿的意识形态方面的问题,同时也是一个人认知评价系统的核心。对于大学生来说,有了正确的人生观和世界观,就能在遵循正确原则的基础上来充分了解和认识社会、人生以及世界上的各种事物,并能采取适度的态度和行为反应,还能做到冷静而稳妥地处理问题,使人心胸开阔,保持乐观主义精神,提高对心理冲突和挫折的承受能力,从而使心理障碍、心理问题的发生得到有效避免。

(二)加强身体素质的锻炼

身体素质是大学生进行学习和参与相关体育运动的重要前提,因此,做好身体素质的锻炼至关重要,特别是劳动锻炼和体育锻炼。因为良好的身体素质是心理健康的重要基础。

(三)加强心理素质的锻炼

在建立了良好的身体素质的基础上,就需要进一步加强心理素质的锻炼。

(1)培养良好的个性心理素质。比较典型的,如坚强而有"弹性"的性格;坚韧不拔的意志,乐观稳定的情绪;自信、自尊、自强、自制和耐挫折、抗压力的良好心理品质。

(2)采取有效措施来防治和及时克服不良个性心理。

(四)建立健康的生活方式

所谓健康的生活方式,主要包含良好的生活习惯、行为方式、作息制度等,这些对于大学生保持情绪稳定、精神饱满是有帮助的。

(五)加强自我意识的教育

大学生对自己的评价往往缺乏客观性,这就需要通过各种教育活动,使大学生能够客观评价自己,恰当地树立自己追求的目标,并通过努力最终实现这一目标。在获得成功的过程中,大学生的需要会得到满足,自身价值也会得到体现,自信心得到进一步的巩固和增强,这就进一步优化了自己的心理机能,竞技状态也得到良好的保持,从而为追求下一个更高的奋斗目标打下坚实的基础。

(六)学会和掌握应用心理防护技巧

(1)培养良好的自我意识。就是要求大学生要对自己有正确的认识,并能客观评价自己,防止陷入认识的"误区"。

(2)善于进行自我调节和控制。在缓解心理矛盾冲突以及消解外部不良刺激方面要学习一些技巧,并具备相关的能力。

(3)学会情绪的自我调控。由于大学生身处家庭、学校和社会等不同的环境中,这就要求其理智地、巧妙地处理好人际关系,以保持学习、生活的心情舒畅。

(4)学会寻求正确的心理平衡点。学会追求"内在的自由",同时,还要做好充分的准备来面对现实社会和生活挫折,并保持适宜的情绪反应,以获得心理平衡。

(七)提高对性成熟的适应能力

性方面的问题主要包括性生理、性心理、性道德和性疾病等。对于大学生来说,要积极开展性健康知识和伦理道德教育,使大学生的自尊心、自信心和意志力得到进一步强化,解除他们的心理困惑,平稳情绪,正确对待各种心理失衡,建立正确的异性交往关系,树立正确的社会主义道德规范和婚恋观。

二、提高挫折耐受力并做好自我心理调节

提高大学生对待挫折的耐受力,做好自身的心理调节,需要采取的手段有以下几个方面:

(一)升华

对那些不被社会所允许接纳的动机和行为进行调整,使其发生改变,树立崇高的目标。

(二)合理化

当大学生的动机和行为不被社会所允许接纳时,为了使那些因挫折所产生的紧张和焦虑有所减轻,并维护个人自尊,大学生可以对自己的所作所为给予合理解释。"合理"辩解,自圆其说,就体现出了合理化的特点。

(三)否认

否认是否定已发生的不愉快的事情,认为它根本没有发生过,从而使心理上的刺激和痛苦加以逃避。需要强调的是,否认并不是把痛苦的事情有目的地忘掉。通过心理上否定,可以使心理平衡得到良好保持。

(四)退化

所谓的退化,就是人们遇到挫折需要处理时,往往用到的不是成人的成熟方式,而是用幼稚的方式去应付处境和问题,或用以满足自己的欲望。

(五)幻想

幻想,就是空想,是不切实际的,具体来说,就是通过想象的方式满

足现实生活中不可能得到满足的欲望,使自我的冲动得到一种允许的出路,不至于造成对自己过分的威胁和压力。

(六)反问

所谓的反问,就是将某些欲望和行为以截然相反的态度或行为表现出来,从而将自己的本质掩盖掉,以减轻挫折感。

(七)压抑

压抑,是心理过程的一个方面。对于此,要求大学生应该学会把不被社会所接纳的念头、情感等在其尚未被觉察时压抑在潜意识层,或把痛苦的记忆主动忘掉,排除在记忆之外,从而免受动机冲突、紧张、焦虑而形成的心理压力。

(八)投射

投射,就是将自己所不喜欢或不能接受的性格、态度、意念、欲望,转移到外部世界或他人身上,从而转移或减轻自身的错误。

(九)补偿

当一个人所追求的目标、理想受挫,或因自己生理缺陷、行为过失而遭失败时,往往会选择其他能获得成功的活动来代替,从而使因失败而丧失的自尊与自信得到弥补,这就是所谓的补偿。

三、心理咨询和心理治疗

(一)心理咨询

1. 心理咨询的定义

所谓的心理咨询,就是指咨询者通过心理学方法和原理的运用,来为求访者发现自己的问题和根源提供帮助,从而挖掘来访者本身的潜在能力。也可以将其理解为:通过对原有的认知结构和行为模式的改变,来达到提高对生活的适应和调节周围环境的能力的目的。

第四章　大学生心理健康与干预

心理咨询不仅是一门新兴的科学和专业,同时也是一门高超的技能和艺术。

2. 心理咨询的内容

心理咨询的内容有两个方面:
(1)发展性咨询。咨询的侧重点在于心理保健、情绪调节、潜能开发等方面。
(2)障碍性咨询。咨询的侧重点在于对有一定心理障碍、心理疾病、心身疾病的人进行帮助。

3. 心理咨询的方式

对于大学生来说,能够开展的心理咨询所用到的方式有以下几种:
(1)门诊心理咨询

在各大综合性医院、精神卫生中心、卫生保健部门和高校已纷纷设立心理门诊。这种方式的优势是能够面对面的接待来访者并进行交谈,咨询的深入程度较高,所取得的咨询效果也较为理想。

(2)信函咨询

信函开诊通常是针对外地要求心理咨询或本地要求咨询者出于暂时保密或试探心理来采用的咨询方式。这种方式具有一定的缺陷,即只能对情况有初步了解,或对较简单的问题进行咨询,因此如果是一些较严重的心理障碍,还是推荐门诊咨询。

(3)电话心理咨询

这种咨询方式主要针对那些处于急性情绪危象,濒于精神崩溃或企图自杀的人,以及那些不想暴露自己的人。

(4)专题心理咨询

这种方式主要针对公众关心的心理问题,在高校、电台、电视台或报刊、杂志上进行专题讲座或讨论、答疑。对于大学生来说,不仅要提高对心理咨询科学认识,还要及时地检查和善于发现、辨别各种不健康的心理表现,积极寻求心理帮助,从而对身心健康地发展创造有利条件。

(二)心理治疗

1. 心理治疗的定义

心理治疗,实际上就是综合治疗心身疾病和神经症所采取的主要措施。

心理治疗本身就是一种医疗技术,其具有显著的科学性、实践性、有效性和普遍适用性特点。

2. 心理治疗的主要方法

对于大学生来说,要想取得良好的自我保健效果,可以采取的心理治疗方法有以下几种:

(1)自律训练法

自律训练法,就是大学生通过自己有意识的主观意志,控制机体生理病理机能活动,达到心身平衡和治病健身的心理治疗方法。从根本上来说,自律训练法就是一种"自我暗示""自我催眠"。这种方法与气功有异曲同工之妙,对身心疾病及神经症的治疗效果显著。

(2)生物反馈疗法

通过自己特殊的心理意念和自我意志控制,对人体的诸多生理机能活动产生能动性的控制作用。

(3)气功

气功是我国一项历史悠久的健身治病疗法,发展并沿用至今,这种治疗方法具有简便有效、适用广泛等显著特点。

第五节 大学生心理疾病与心理治疗

一、大学生常见的心理疾病

(一)神经症

1. 神经衰弱

神经衰弱,本身就是一类以精神容易兴奋和脑力容易疲乏,常有情绪烦恼、紧张和伴有心理生理症状的神经症性障碍。

(1)神经衰弱的发病原因

①心理社会因素:学习负担过重,过度紧张;长期的心理冲突和精神创伤引起的负性情感体验;生活忙乱无绪、作息规律和睡眠习惯的破坏,适应不良;学习等问题使得大学生脑神经活动长期持续紧张而兴奋与抑制失调。

②身体因素:感染、中毒,颅脑创伤或慢性躯体疾病对神经系统功能产生不良影响。

③个体特点因素:内向、孤僻、好强、敏感、多疑、依赖性强、缺乏自信、任性、急躁、自制力差。

(2)神经衰弱的症状表现

①精神容易兴奋和容易疲劳。

②衰弱症状:精力不足,萎靡不振;看书、学习或用脑时则易疲乏。

③情绪症状:容易烦恼和容易激惹。

④心理生理症状:睡眠障碍和肌肉紧张性疼痛。

大多起病缓慢,病程持续,或时重时轻,是大学生中最常见的一种神经症,也是大学生休学的主要原因之一。

2. 抑郁症

抑郁症,也被称为抑郁性神经症,是一种病因未明的精神障碍。其主要特征为持久性情感抑郁。

(1)抑郁症的发病原因

通常,导致抑郁症产生的原因主要在于明显、强烈、持续的心理因素,如生活中的不幸遭遇、学习受挫、恋爱失败、自尊心受到伤害等。患者性格多内向闭锁、多愁善感、依赖性强、处事悲观。

(2)抑郁症的症状表现

①情绪低落,寡言少语,伤感多愁,不能振作,感到未来一片暗淡。

②不能主动与人交往,但被动接触尚好,愿意接受同情。

③兴趣减退,自我评价下降,但愿意接受鼓励和赞扬,长期下去,会产生自杀的想法甚至可能会实施。

④伴有胸闷、乏力、头痛、背痛、失眠、叹息等症状。

3. 强迫症

患有强迫症的人有一种明知是不必要的,而自己又不能控制的想法、情感或动作。需要注意的是,我们平时所说的强迫症并非严格意义上的强迫症,而是一种强迫倾向,比如,桌子脏会难受,必须擦干净等。

有的人在做事上会表现出很强的完美主义倾向,并且不允许自己有错误,否则就会产生很强的自责,继而在以后的工作和生活中经常不断地进行重复检查的行为,出现了一系列的强迫症状。调查发现,在大学中,具有反复检查等强迫症状的学生比例是非常高的,虽然没严重到强迫症的程度,但是可以说是一种强迫倾向。

4. 焦虑症

焦虑症,也被称为焦虑性神经症,是一种焦虑反应同时伴有明显的植物神经系统功能紊乱症状的神经症。

(1)焦虑症的发病原因

焦虑症的发病原因主要在于心理冲突。具体来说,就是当人们感到自己对命运的掌握失去了主宰的能力,同时没把握能从别人那里取得帮助时导致的。

(2)焦虑症的症状表现

①急性发作焦虑症:内心有种难以言明的紧张、恐惧,好似灾难将至,担心可能死亡,同时伴有心悸、出汗、紧迫感,常来回不安地走动、叹息等,持续时间可达几小时或几天,甚至数周,恢复后如常人。

②广泛性、慢性持续焦虑症:终日紧张、坐卧不宁,对自身状况考虑重重,多伴有胃肠不适、尿急、头痛等。

5. 疑病症

疑病症,也被称为疑病性神经症,是患者对自身的健康或身体的某一部分功能过分关注,怀疑患了某种疾病,反复就医,虽经反复医学检查阴性和医生的解释没有相应疾病的证据,但也不能打消病人的顾虑的一种神经性障碍。

(1)疑病症的发病原因

①原发性疑病症的发病原因主要在于心理因素、人格缺陷等方面。

②易感素质。主要是指孤僻,内向,敏感多疑,对周围事物缺乏兴趣,对身体变化十分关注,具有自恋倾向等人格特点。

(2)疑病症的症状表现

①患者对自身健康或疾病过分担心,害怕自己患了某种严重疾病,

感到十分烦恼。

②疼痛,约有 2/3 的患者有疼痛症状,常见疼痛部位为头部、下腰部。这种疼痛描述不清,有时甚至是全身疼痛,但查无实据。患者四处求医,但毫无结果,常伴有失眠、焦虑和抑郁症状。

疑病症起病大多缓慢,病程持续,常导致社会功能缺损,急性或亚急性疾病。

(二)变态人格

1. 表演型人格障碍

表演型人格障碍,通常也会被称为戏剧型人格障碍或癔病型人格障碍。

(1)表演型人格障碍的特点

过分情绪化以吸引他人注意,有时候为了达到受重视和被关注的目的会经常说谎,但说谎的水平却不高。

(2)表演型人格障碍的症状表现

①追求新奇,爱幻想,处处以自我为中心,情绪外露且夸张。

②无论干什么事,都想要得到外界的赞扬、承认,否则就会感到难受。

2. 偏执型人格障碍

(1)偏执型人格障碍的特点

猜疑和偏执。

(2)偏执型人格障碍的症状表现

①广泛猜疑,常常将他人无意的、非恶意的,甚至是善意的言行误解为歧视或敌意。

②在没有足够根据的情况下,总是怀疑会被人利用或受到别人的伤害,因此总保持一种过分的警惕和防卫意识与行为。

③过分自负,总是坚持自己的观点并认为自己的道理是正确的,即便遇到挫折或失败,也总认为是别人的错误,且不会去原谅他人的失误。

二、大学生心理治疗

心理治疗,就是指通过心理学知识以及方法的应用来达到积极改变患者的情绪、人格、行为或疾病的治疗途径。

(一)大学生心理治疗的内容与原则

1. 大学生心理治疗的共同内容

目前,世界上流行的心理治疗方法有很多种,这些心理疗法都能够取得消除患者的心理障碍、减轻疾病症状的显著疗效。不同的心理治疗方法的具体特点以及应用是各不相同的,但是,它们之间也存在着一些共同之处。具体包括以下几个方面:

(1)温暖与信赖的人际关系。
(2)保证与支持。
(3)脱敏。
(4)理解或领悟。
(5)适应反应的学习与强化。
(6)宣泄。

2. 大学生心理治疗的原则

大学生进行心理治疗,还要遵循一些基本的原则,从而保证治疗效果。具体包括以下几个方面:

(1)良好的医患关系原则。
(2)针对性原则。
(3)计划原则。
(4)综合原则。
(5)保密原则。
(6)灵活原则。

(二)大学生常见的心理治疗方法

1. 暗示与暗示疗法

暗示是指一个人无意识地受客体和主体影响,从而使自己的心理、生理乃至行为发生变化的一种心理现象。其可以分为他人暗示和自我暗示两种类型。

暗示疗法则是通过固定的手段,使病人受到积极的暗示,从而达到治疗目的的一种心理疗法。暗示疗法有广义和狭义之分,其中,狭义的暗示疗法通常指病人在清醒状态下接受暗示的心理治疗方法。

一般的,暗示疗法对于暗示性高的病人往往适用性更好,所取得的效果也更加理想,而对于暗示性低的病人所取得的效果则会大大降低。需要强调的是,暗示所产生的作用并非都是积极的,也会产生消极作用,只有积极的作用是可以治疗疾病的,后者则可能使病情加重,一定要引起注意。

一般的,在实施暗示治疗时,所用到的方法主要有言语暗示、操作暗示、药物暗示、环境暗示、自我暗示等几个方面。暗示疗法的适用范围主要有两个方面:一个是作为暗示者,应该在被暗示者心目中有能使他信赖的较高威望;另一个是被暗示者本人要有充分的信心。

暗示疗法的适应症主要有神经症、疼痛、瘙痒、哮喘及其他心身障碍等。

2. 催眠疗法

催眠术,就是通过言语或其他心理手段的应用来使人进入催眠状态的过程。在催眠术的作用下,人的意识会处于一种恍惚、顺从依附的特殊的意识状态。催眠疗法,就是使用催眠术使病人进入催眠状态,以此来增加病人的顺从性和暗示性,然后医生通过暗示和疏泄等手段治疗疾病的过程。

在实施催眠术之前,通常需要借助语言、嗅觉暗示试验等来对病人的暗示性进行检查。因为暗示性高者,催眠效果也好,可作为治疗对象。

在催眠状态,病人所表现出的心理特征主要有:

(1)决策能力减退。

(2)注意力重新分配。

(3)增加了对以往有益的视觉记忆的回忆并提高了幻想性。

(4)减少对真实性的检验,对歪曲事实表示宽容。

(5)增加暗示性。

(6)角色行为表露。

(7)对催眠状态下回忆起来的过去的问题容易宽容。

实施催眠治疗,需要按照相关是步骤来进行。一般的,一次完整的催眠治疗需要包含以下几个方面流程:

(1)治疗前的准备工作。主要是指对病人受暗示性进行检查,并保证治疗环境的安静舒适、光线暗淡。

(2)导入催眠状态。可以通过集体和个别催眠、自我催眠和他人催眠等方法来使病人进入催眠状态。

(3)进行治疗。催眠状态下进行的心理治疗通常会用到直接暗示法、催眠后暗示法和催眠分析几种形式。

(4)解除催眠状态。治疗结束时,医生要收回治疗过程中用到的某些有害暗示,然后用暗示法来将患者唤醒。

催眠疗法对于各种神经症、心身疾病和其他某些心理行为症状都是较为适用的,比如,癔病、心因性焦虑和恐惧、神经性呕吐、厌食、性功能障碍、失眠、某些疼痛病例等。但是,对于精神病、脑器质性损伤伴意识障碍、严重心血管疾患和对催眠严重恐惧者来说,催眠疗法是不适用的,切忌使用。

3. 支持性心理治疗

支持性心理治疗,就是指那些在心理治疗中以对病人心理支持构成主要治疗内容的一种治疗方法。这种心理疗法在临床上有着广泛的应用。

心理治疗者提供的支持主要有包含解释、鼓励、保证、指导以及改变并适应环境等几个方面。

通常,支持性心理治疗的实施步骤有以下几个方面:

(1)医生要认真听取病人倾诉,并对临床症状与病理熟练掌握。

(2)进一步深入了解患者疾病的起因与演变,然后表示同情与支持。

第四章　大学生心理健康与干预

（3）有针对性地进行疏导和解释，合理地采用劝导、说服、启发、鼓励的方法，提供保证等交谈方式来帮助和指导病人，对其所面临的问题进行分析并使其有所认识。

（4）缓解或消除疑虑和恐惧，稳定患者的情绪，通过医生的权威性支持达到适应环境，重新恢复心理和生理平衡，从而使患者的心理疾病得到有效治疗。

第五章 大学生科学健身原理与方法

运动健身是大学生体质健康最有效的干预手段。大学生科学进行体育健身锻炼,并长期坚持不懈地参与健身运动,对增强体质、促进身心健康具有重要意义。大学生参与体育锻炼活动,要遵循科学的健身原理,掌握丰富有效的健身方法,以提高健身锻炼的科学性及实效性。本章主要就大学生科学健身原理与方法展开研究,主要内容包括大学生科学健身原则与方法、科学健身计划、常见健身手段、四季运动健身以及健身的安全与保健。通过对这些内容展开研究,为大学生积极参与体育健身锻炼及提高健身锻炼效果提供科学的理论与方法指导。

第一节 大学生科学健身原则与方法

一、大学生科学健身的原则

(一)FIT 原则

FIT 是 Frequency、Intensity 和 Time 三个英文单词的缩写,意思分别是次数、强度、时间。大学生参与体育健身锻炼,必须做好对练习次数、练习强度以及练习时间的合理监控,这样才能取得理想的锻炼效果,有效增强体质。

1. 练习次数

大学生要安排好每周的锻炼计划,确定一周要完成几次锻炼,比较适宜的次数是一周 4 次左右,次数太少不利于生长发育和良好锻炼效果的获得,次数太多又容易造成疲劳,影响学习。因此合理安排健身练习次数非常重要。

2. 练习强度

大学生在有氧健身活动中可以通过心率测量来控制运动强度。一般来说,控制在最大心率的 60%~80% 是比较适宜的。在力量性锻炼中,要调控练习强度,可对健身器械的重量、练习次数进行调整而达到目的。大学生在健身锻炼中应该根据自己的身体情况逐步增加练习强度,以不断提高机体的适应能力,提高锻炼效果。如果一直按照一种强度锻炼,那么体质健康保持在一定水平后就难以继续提升。

3. 练习时间

这里的练习时间指的是每次健身活动持续多长时间。一般来说,大学生参与有氧健身锻炼,一次锻炼时间持续半小时左右为宜。相对来说,对练习时间的控制比对运动强度的控制容易一些,合理控制练习时间有助于促进心肺耐力的提升和锻炼效果的优化。

(二)因人制宜原则

因人制宜原则指的是从个人性别、年龄、体质状况、客观条件及锻炼目的出发,合理安排健身内容、健身方法和运动负荷,使健身锻炼处方符合个人实际情况和健身需要。不同大学生之间存在个体差异,而且运动锻炼中的客观条件也各有不同,为实现预期的健身目标,必须从实际出发科学选择体育运动手段,提高锻炼的针对性、目的性和实效性。

制订大学生健身计划,应全面考虑大学生的个人体质、健康水平、性别、年龄、兴趣爱好、运动基础等因素。此外,还应统筹考虑运动场地器材、地域、季节等对锻炼效果有重要影响的客观条件。综合考虑这些主客观因素后,再安排锻炼内容、方法、时间、运动负荷等运动处方因素,往往能提高健身效果。在实施计划的过程中,如果发现计划不符合个人实际,可灵活调整与不断完善计划。

(三)循序渐进原则

大学生在健身锻炼中对健身内容、方法、技术难度和运动负荷等各方面因素的安排应遵循循序渐进的原则,即由小到大、由浅入深、由易到难、由单一到多元、由部分到整体。循序指遵循规律,注重次序,按知识、技术、技能的内在联系安排练习次序;渐进指平稳发展,逐步提高。

在体育健身中,大学生必须遵循由易到难的基本认知规律来学习运动知识,并遵照泛化、分化到自动化的动作技能形成规律来提高运动技能。此外还要经历刺激、适应、再刺激、再适应的连续过程才能增强身体机能和身体素质。因此,循序渐进、逐步提高是大学生必须贯彻的一项重要健身原则。

大学生在健身锻炼中不能一直重复一些简单的运动内容,也不能每天都学习新的难度较大的动作,而应要求天天有提高、天天有进步。应将重复巩固与不断提高结合起来,同时要注意预防疲劳和伤病。

(四)持之以恒原则

持之以恒是指大学生以相对稳定的时间节奏和周期,连续、经常、不间断地从事体育健身锻炼。

大学生经过系统科学的健身运动,身体形态、身体机能、生理生化等方面都会发生积极变化,这是不断积累的过程。如果健身活动断断续续,那么在身体健康促进方面所取得的效果就不会持续很长时间。如果中途长时间不运动,就会导致身体机能衰退到原有水平甚至比原有水平更差。因此,大学生应该持之以恒地坚持锻炼。[①]

二、大学生科学健身练习方法

(一)重复练习法

重复练习法是在相对固定条件下,按照一定要求反复做同一练习的

---

① 国家体育总局. 运动健身指南[M]. 北京:人民体育出版社,2011:64.

方法。这种方法主要适合负荷较小或用时较短的项目及动作技术比较复杂或者运动负荷较大,难以一次完成的练习。重复练习过程中,每组或每次练习都安排适宜的休息时间,每次(每组)练习的时间、强度、间歇时间和练习总次数应相对固定。采用该方法时应注意合理安排重复的总次数;每次练习的时间、强度及间歇时间等;保证每次练习的质量。

(二)变换练习法

变换练习法是通过改变练习内容、练习强度和练习环境而进行练习的方法。变换练习法能够提高大学生中枢神经系统的灵活性,促进大学生身体调节能力和适应能力的提升。同时,变换练习法对于调整健身计划,活跃锻炼氛围,提高健身积极性也有积极意义。

要根据长远计划和实际需要而采用变换练习法。变换练习法应是短期和非经常性的,在达到变换的要求之后,转入常规练习,如果变换时间过长,则不利于原练习计划的实施。

采用变化练习法时,把注意力集中到所要完成的任务上,不要因为改变了练习内容、条件或环境,产生了新异刺激,注意力就集中到锻炼形式和环境上,因而忽略了采用该方法的真正目的。

(三)间歇练习法

间歇练习法是在两次练习之间规定休息时间,在机体尚未完全恢复的情况下进行下一次练习的方法。间歇练习法由于两次练习之间休息时间短,机体尚未完全恢复,因此对提高机体的承受能力有重要作用。

大学生可从个人身体机能实际情况出发而决定间歇时间的长短。水平低者,间歇时间长,反之,则间歇时间短。大学生应利用间歇时间做积极性的休息和放松,如慢跑、按摩和深呼吸等,以加快氧气供应。采用间歇练习法要特别注意根据实际情况来监测负荷。

(四)持续练习法

持续练习法是为了保持有价值的负荷量而不间断地连续进行练习的方法。这种练习方法的作用在于把负荷量维持在一定水平上,使大学生的机体受到有效的刺激而不断改善。

一般应依据负荷价值有效范围而确定持续练习时间的长短。持续练习可使机体各部位长时间地获得充分的血液和氧的供应,因而有利于增强有氧代谢能力。对于较为容易且大学生自己很熟练的动作,适合采用持续练习的方法。[①]

(五)组合练习法

组合练习法指的是将两种或两种以上性质有差异的练习组合起来循环性地依次练习的方法,因而也被称作"循环练习法"。示例如图 5-1 所示。

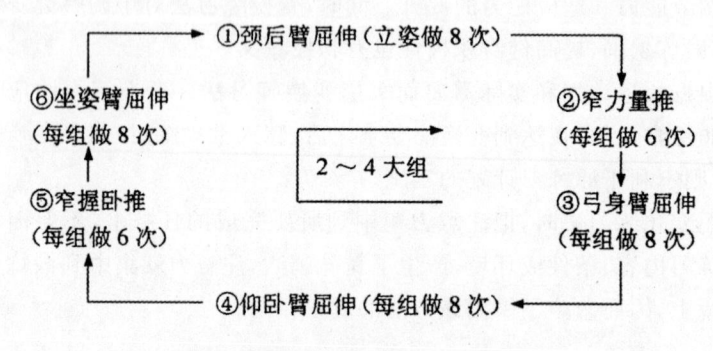

发达上臂伸肌（肱三头肌）的循环练习

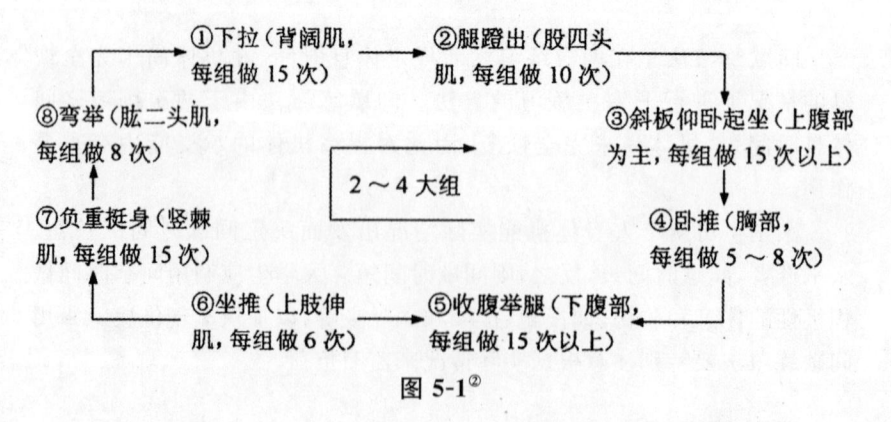

图 5-1[②]

[①②] 刘胜,张先松,贾鹏. 健身原理与方法[M]. 武汉:中国地质大学出版社,2010:27.

第五章　大学生科学健身原理与方法

在大学生日常健身锻炼中,组合练习法是一种比较常见的锻炼方法。其特点主要表现在以下几个方面:

(1)有多种练习手段,能比较全面地促进身体健康。

(2)依次练习的方式更有助于调动大学生的兴趣与积极性,达到一定的练习量能够促进大学生体质健康。

(3)一般由大学生独立完成组合练习内容,能够促进大学生能动性的发挥和自主锻炼能力的提升。

组合练习方法的具体运用形式有两种,一种是流水式的组合练习,另一种是分组轮换式的组合练习。不管采用哪种形式,都有助于弥补单一练习的片面性。不同练习内容产生不同的健身功效,各种练习内容通过在健身功效上相互补充与促进,从而促进大学生身体全面健康。采用组合练习法也能避免单一练习的枯燥乏味,能营造活跃的练习氛围,提高大学生练习的积极性。

大学生在健身锻炼中采用组合练习方法,需要注意如下事项:

1. 根据需要选定练习内容

大学生根据自己的锻炼需要、锻炼目的而选择两种或两种以上不同性质的练习内容,在锻炼过程中将这些内容搭配起来。所选练习内容要有助于促进身体各部位体能素质的协调发展,最终促进身体健康水平的整体提升。

2. 合理安排练习次序

将两种或两种以上的练习内容搭配起来共同练习时,要注意确定先练什么,后练什么,然后平均分配各项内容的练习组数、次数和时间,提高练习的有序性,提高练习效率。除了平均分配各项练习内容外,也可以有主次之分,确定中心练习项目,然后围绕中心展开其他练习,中心内容练习时间长一些,其他辅助性练习内容所占时间较短,要重视主次之分、次序合理。

3. 合理安排练习间歇

采用组合练习方法时,要将下面两种间歇时间安排好:

(1)练习间间歇时间。这类间歇时间通常比较短,在间歇时间做一些轻松的活动,以积极休息为主,恢复体力,活动内容要有承上启下的作用,以顺利进入下面的练习中。

(2)组合间间歇时间。这类间歇时间可稍微长一些,使大学生可以休息好,消除疲劳。

(六)竞赛练习法

竞赛练习法指的是大学生在竞争的环境下进行健身锻炼的方法。这种健身方法对大学生的要求比较高,不仅是对身体素质、运动能力的要求,还包括对心理素质、意志品质、道德品质的要求。大学生以竞赛的形式进行锻炼,能够发现自己在体能或技能上更大的潜能。在竞赛中,大学生要在自己良好体能的基础上灵活运用技能,并与同伴默契配合,协同完成竞赛任务,争取获得最终的胜利。

需要注意的是,竞赛练习和真正的体育竞赛还是有区别的,竞赛健身练习没有明显的功利性,主要是为了改善大学生的身体机能,提高身体素质,促进体质健康;积累实战经验;促进竞争与合作意识及能力的提升;培养自信心和集体主义精神。正式的体育竞赛主要就是为了取得比赛的胜利,有明显的功利性。但是也不能完全淡化竞赛练习的功利性,带有竞争性的功利意识能够激发大学生的参与热情与积极性,促进大学生在竞赛中有更好的发挥。

大学生采用竞赛练习方法进行健身锻炼时,需要注意如下事项:

1. 控制情绪,安全第一

体育竞赛有明显的竞争性,即使是以强身健体为主要目的的竞赛也是相对激烈而刺激的。大学生在比赛中要将自己的情绪控制好,调整心态,把握好节奏,在身心承受最大负荷能力的范围内发挥技能水平,不要冒失与逞能。如果在比赛中感觉身体不适,应及时调整状态,必要时退出比赛,进行休息或治疗。

2. 灵活运用比赛规则

体育竞赛作为一种比较新颖的健身锻炼方法,在增强体质、愉悦身心、锻炼意志、培养自信心、促进社交等方面发挥了重要作用。要使这些积极作用得到充分发挥,就应该保证竞赛活动的科学性、规范性及有序性,因此要按照正式比赛规则来组织比赛。此外,可适当简化比赛规则,降低要求,并将一些有趣的规则融入其中,使比赛规范而不失趣味。

第二节 大学生科学健身计划

一、大学生科学健身的周期划分

运动健身是有周期性的,就像人类的生命活动有周期性一样。但从大众健身锻炼的发展情况来看,人们往往忽视了健身活动的周期性,这直接影响了大众健身的系统性,影响了大众健身效果的长期积累和人民群众体质健康水平的持续提升与稳定保持。大学生参与运动健身,要充分认识到体育健身活动的周期性特征,并从这个属性出发来安排健身周期。

一般将运动健身周期划分为以下三种类型:

(一)健身大周期

健身大周期一般是以年为单位安排健身计划。一年中春夏秋冬四季交替,人类机体也发生变化,并呈现出周期性规律。要顺应人体的这种周期性变化来安排体育健身活动。对体育健身锻炼进行周期性安排,可对运动训练领域的周期性理论予以借鉴。按照周期性理论,可将全年健身计划分成下面三个时期:

(1)9~11月:准备期。
(2)12月~次年5月:主要锻炼期。
(3)6~8月:维持期。

三个时期的健身手段比例分配示例见表5-1。

表 5-1　大周期中各时期健身手段分配示例(%)①

健身锻炼手段	准备期	主要期	维持期
走的综合练习	30	20	25
跑的综合练习	20	30	25
一般身体训练	50	20	25
专门练习	30	25	—

(二)健身中周期

健身大周期中的三个具体周期可划分为若干阶段,在各个健身阶段或健身中周期完成具体的健身内容。阶段性的健身方式适用于运动康复和季节性活动的锻炼中。大学生在某个健身中周期的锻炼受某些环境和条件的影响,因此要适应健身环境,按照符合健身条件的要求进行锻炼。

一般可以将健身中周期分为季节健身中周期、突击中周期、恢复中周期三种类型。以15~60天为一个中周期。健身中周期的锻炼内容与环境、季节有关,如果在夏季,可进行游泳锻炼、沙滩排球锻炼;如果在冬季,可重点安排有氧锻炼,如长跑等。

(三)健身小周期

健身小周期主要是完成各个健身阶段的具体任务,小周期的时间一般是7天左右。大众的小周期健身频率一般也被作为对一个国家体育人口进行计算的参考依据。在运动健身锻炼的整个体系中,小周期的锻炼非常重要,因此大学生必须完成好小周期的各项训练任务,从而逐步实现阶段健身目标、年度健身目标。

健身小周期有锻炼小周期、维持小周期、康复小周期、竞赛或表演小周期等多个类型,这是以不同小周期的健身锻炼任务为依据而划分的。

大学生顺应人体的周期性变化规律而合理安排自己的周期健身计划,保持健身锻炼的系统性、持续性,能够循序渐进地提高身体健康水平。

---

① 王旭冬.体育健身原理与方法[M].北京:北京体育大学出版社,2008:29.

二、大学生健身活动计划

大学生的健身活动计划包括下面三种类型：

(一)阶段健身计划

阶段健身计划指的是半年、一季或一个月的健身活动安排。制订这类健身计划，要对健身目标、健身内容、健身方法、负荷安排、健身时间等要素予以明确，并在计划最后进行健身效果测评。因为每个大学生的体质、运动能力、时间安排、兴趣爱好等都有自己的特点，因此不必按照统一模式来制订这类计划。但不管是什么体质类型的大学生，制订这类计划都要注意以下几点要求：

(1)建立个人健康档案。
(2)明确阶段健身目的与任务。
(3)充分考虑自己的学习、作息规律，将健身锻炼融入日常生活。
(4)从自身兴趣爱好及体育特长出发安排健身内容。
(5)适应季节、环境的变化。
(6)锻炼内容不是越多越好，要注重质量。
(7)锻炼内容要有助于身体各方面素质的全面发展。

(二)周健身计划

阶段健身计划是由若干具体的周健身计划组成的，在周计划中完成具体健身任务，从而达到阶段健身目标。周计划中也要明确而且是具体明确每周的运动目标、活动内容、锻炼方法、活动时间、锻炼负荷等要素。

(三)健身课计划

健身课计划就是计划一天的运动锻炼内容、锻炼方法、锻炼负荷、锻炼时间等。健身课计划更为具体，是实现周健身计划和阶段健身计划的基本单位。

个人的健身活动中不需要专门制订每天的锻炼计划，但要对每天的锻炼内容、方法、负荷、时间等做到心里有数。如果是集体性的健身活动,有必需制订专门的健身课方案。类似于体育课教学计划,不需要太多的文字,简要列出计划内容即可。

健身课计划示例见表 5-2。

表 5-2　健身课计划示例①

部分	健身内容	健身安排	
		健身组织方法	运动负荷
准备部分			
基本部分			
结束部分			
记录效果			
经验总结			

第三节　大学生常见健身手段

一、身体基本运动手段

人类身体的基本活动形式常见的有走、跑、跳、投、爬越、攀登等。不管是从事生产劳动,还是在日常生活中,这些身体活动能力都是最基本的技能。人们参与体育健身锻炼,也要在这些身体活动内容的基础上掌握各类项目的运动技能,而且这些身体活动内容本身也可以作为健身锻炼的基础手段。在常见的健身手段中,走、跑、跳、投等基本手段最简便,而且效果也很明显,采用这些基本手段进行锻炼时,也比较容易控制运动负荷和运动量,因此,在康复类运动锻炼中这些基本手段是非常重要的锻炼内容。下面简要分析最基本的身体运动手段——走。

---

① 王旭冬.体育健身原理与方法[M].北京:北京体育大学出版社,2008:36.

第五章　大学生科学健身原理与方法

走路是人们每天都在做的事情,很多人都将"走"作为锻炼身体的方法,不需要专门进行系统学习就能掌握走的方法。走路这种锻炼手段非常简便易行,而且安全度高,科学的走路锻炼可促进人体呼吸系统功能的改善和心血管功能的增强。在康复锻炼中,患者也将走路作为康复治疗的方式之一,可见走路也有重要的医疗作用。走路锻炼还能治疗疾病,患有高血压、糖尿病及神经衰弱等疾病的患者通过走路锻炼可起到一定的治疗作用。

走路锻炼的常见方式有以下几种:

第一,普通散步。这是比较常见的体育保健手段,每次锻炼时间在 0.5 小时到 1 小时之间。散步速度有慢速和中速两种,频率分别是每分钟 60~70 步和每分钟 80~90 步。散步时,身体放松,保持自然状态,脚着地时应该是柔和的,而且要放平。两腿交换速度不要过快,要保持一定的节奏。两腿迈步时,手臂前后自然摆动,上下肢活动要协调。

第二,摆臂散步。这种散步方式对呼吸系统疾病患者非常有益,能起到较好的医疗效果。散步时,两臂前后摆动的力度较大,这样肩膀、胸廓就能大范围活动了。

第三,快速步行。这种锻炼方式适合减肥群体和中老年人采用,可以起到良好的减肥效果和促进心血管功能增强的作用。快速步行锻炼的时间每次为 0.5 小时到 1 小时,速度为 5~7 千米/时,最高心率不超过 120 次/分。锻炼时注意挺胸抬头,适当加大步幅、加快步频,手臂配合摆动,重心移动速度要快一些。

二、传统健身手段

一般来说,太极运动、导引按摩、气功是比较常见的几类传统健身手段。也有人将营养学中的饮食调养和医学中的针灸纳入传统健身手段中,而且科学的饮食与针灸确实对人体健康有益。不管采用哪种健身手段进行锻炼,都需要合理调整饮食,养成良好的饮食习惯。在锻炼中若产生明显的疲劳感或局部有损伤,可采用针灸的方式来缓解。

下面简要分析气功健身手段。

气功锻炼对提高人身体机能水平具有重要意义。在气功锻炼中,呼吸方式主要采用的是腹式呼吸法,这样可以使腹腔器官得到按摩,使消化系统功能得到改善。练功时要严格贯彻松静自然,意气合一,动静结合,循序渐进的原则。气功锻炼的要点如下:

第一,姿势。不管是行姿、站姿,还是坐姿和卧姿,都要求放松整个身体,柔和完成动作,配合腹式呼吸,整个过程应该是舒适自然的,要集中注意力锻炼,方可取得良好的效果。

第二,练意。在锻炼中要集中意念,排除一切杂念,人静、心静,大都处于积极休息状态,神经系统以抑制过程为主。能否真正"入静"直接影响锻炼效果。

第三,练气。既要在意念主导下进行呼吸锻炼,又要感受锻炼过程中体内是否产生一种类似于"气"的特殊生理现象。呼吸的基本原则是自然呼吸,在此基础上用鼻吸气,用口呼气,呼吸深长、均匀,气沉丹田。

三、民间健身手段

踢毽子、沙包、跳绳、抖空竹等民间体育健身手段有深厚的历史文化底蕴,有这些体育锻炼手段的存在,使得中华体育健身手段的宝库越来越丰富。

踢毽子是我国独特的民间体育运动,毽球运动所需场地不大,器材简单,练习节奏可快可慢,运动强度可大可小,适合不同年龄、性别和体质水平的人参与。

放风筝是一项大众趣味项目,我国各地经常举行放风筝比赛。制作风筝是十分精巧的过程,趣味很高。放风筝对锻炼身体,陶冶情操是很有益的。

四、球类运动手段

球类运动项群在竞技运动领域是非常重要的组成部分。在学校体育活动中,球类运动也是学生普遍喜爱的活动内容。球类活动具有突出的娱乐性,能提高人们的活动乐趣和参与兴趣。球类活动常以竞争和群体的方式进行,不仅能有效培养大学生勇敢顽强的意志品质,而且能陶冶情操,培养大学生的竞争意识、群体意识和审美意识。

以网球运动为例。网球属于间歇性运动项目,移动击球时采用有氧与无氧供氧混和的负荷方式,其他时候则是有氧运动与休息相交替。从健身的角度出发,它属于中等或较轻缓的运动项目,对发展大学生的力量、速度和耐力等身体素质具有积极作用。同时,网球能提高大学生的社交能力。大学生参与网球健身锻炼时,可采用以下几种练习方法:

第一,对练法。两人一组,各自将球击入对方场内,不断交替进行。可灵活安排人数,如二打一,或二打二。

第二,比赛法。包括正规比赛和"模拟比赛",双方按正式规则比赛,有专门的裁判员。比赛锻炼对大学生的身体和心理均有较高的要求,能有效培养大学生的身体素质和意志品质。

第三,"表演"法。双方以友好方式参与活动,争取坚持打更多的次数和更长的时间,打更多的"好球"。

五、健身器械运动手段

随着世界大众健身运动特别是健美运动的不断普及,以前作为竞技运动手段的许多体育器材逐渐出现在大众体育领域,而且随着现代科技的不断发展,人们已经研制出许多适合健身锻炼的体育器材。这样就形成了一类新型的健身运动手段——健身器械运动手段。现代健身器械已经走出了健身房,出现在学校、家庭、社区中。

哑铃是最常用、最方便和非常有效的一类健身器械。哑铃分为固定重量哑铃和可调节重量哑铃,它们大都由金属或非金属材料浇铸或切削加工而成。哑铃的练习方法很多,如单手握铃练习、双手同时握铃练习、将哑铃套在脚腕部进行练习等。大学生可根据自身情况选择练习方法。

壶铃也是很普遍的健身器械之一,重量由1千克到50千克不等,大学生可根据需要选择不同重量的壶铃进行锻炼。运用壶铃进行健身锻炼时,可用单手或双手握住壶把完成各种练习动作。练习方法主要有单手握铃或双手握铃完成屈臂练习、体侧屈练习、纵跳练习等各种练习动作,以此来发展不同身体部位的力量素质。

第四节　大学生四季运动健身

一、春季科学健身

春季,大学生应多到室外活动。春天是运动的大好时光,清晨到空气新鲜、环境优美的地方散步、慢跑、跳舞、跳健美操、打球;或在周末和同学一起春游,放风筝等。参与这些活动既对身体健康有利,也能锻炼适应多变气候的能力。

春天昼夜温差大,人体不能很快适应,易受风寒,所以大学生在这个季节锻炼要注意防寒保暖。春天饮食一定要满足机体生长发育和各种活动的需要,经常锻炼的大学生应以"健脾扶体"为饮食原则,应多吃含蛋白质、维生素、矿物质丰富的食物,不宜过早贪吃冷饮,也不宜多吃辛辣刺激性食品。

二、夏季科学健身

大学生夏天坚持体育锻炼可磨炼意志,提高机体的体温调节能力及皮肤对外界气候的适应能力。夏天进行体育锻炼适合选择游泳、散步、慢跑、乒乓球等项目。

大学生夏季健身应注意预防中暑,注意科学饮水,锻炼后先休息,擦干汗后再洗澡,以防感冒。

夏天天气炎热,锻炼时选择透气性能好的衣服。夏天容易食欲不振,饮食上以清淡易消化为主。

三、秋季养生与体育锻炼

秋天是锻炼身体的好季节,大学生应早睡早起,参与跑步、羽毛球、乒乓球、做操等体育锻炼活动,以提高身体机能水平和身体的抗病耐寒能力。冷水浴、冬泳等冬季常见的身体锻炼项目也应在秋季开始,循序渐进,使身体逐渐适应寒冷的刺激。高校可组织学生秋游,通过户外运动来锻炼身体,陶冶情操,培养意志力。

秋季早晚与午间温差大,空气干燥。在此季节锻炼应注意及时增减衣服,以防感冒。秋后要注意补充营养,以调节脏器机能,促进身体恢复。食物上应选择有营养易消化、"滋阴润肺"的食物。

四、冬季养生与体育锻炼

大学生在冬天适度参与户外活动,呼吸新鲜空气,享受日光浴,有助于促进骨骼生长,提高机体抵抗力和对外界气候的适应能力,增强体质。运动时应注意防寒保暖,防止冻伤。冬天适宜参与的锻炼活动有跑步、打球、滑雪、滑冰、跳舞等。

大学生冬季参与运动锻炼,还要注意合理饮食,饮食原则为散寒健脾、益气温中、疏通血脉、强壮筋骨,以增强机体抵抗力。

总之,大学生在一年四季都要根据自己的身体情况多锻炼,养成良好的锻炼习惯,锻炼中要注意科学饮食,双管齐下,才能拥有健康的体魄,保持良好的心境。[1]

第五节　大学生科学健身的安全与保健

一、大学生科学健身的安全措施

(一)运动前安全

人体在正式参与体育健身前,因为个人身体状态、情绪、运动水平、已有经验以及精神状态等因素的影响,身体机能和心理素质会发生生理

---

[1] 张力.四季养生与体育锻炼[J].中国学校体育,2001(01):57-58.

变化和心理变化,而且越临近正式运动,变化就越显著。人们在运动前的这种身体和心理上的变化统称为运动前状态。实践证明,运动前状态会影响人正式运动的过程及运动锻炼的效果,这种影响既有积极的影响,也有消极的影响。需要注意的是,运动前不管神经系统兴奋性很高还是很低,都不利于后面的运动锻炼,都会制约运动效果。例如,当兴奋性很低时,常见表现是兴趣低下,情绪不高,态度冷淡,这样运动能力也会下降;兴奋性很高时,常见表现是紧张到失眠,心情急躁,影响食欲,这样必然对运动中的发挥不利。运动前不管是过度兴奋,还是兴奋度极低,都和心理因素的影响有关。为了防止不良心理影响大脑神经状态,进而影响运动中的安全及运动后的效果,应从以下几方面来加强调节:

第一,运动前调整身心状态,如出现失眠、明显疲劳、感冒、肠胃病等不适症状,或者精神或心理受到严重刺激,要及时解决和处理身心问题。在身体和心理恢复初期,宜选择强度较小的运动,随着身体和心理状态的进一步调整与逐渐恢复,再逐渐增加运动锻炼的强度,渐渐提高锻炼效果。

第二,环境是影响运动健身的重要因素,要选择适宜的运动环境,避开有害的运动环境,充分发挥环境对运动锻炼的积极作用。有的人喜欢在气温稍高或稍低的环境下进行锻炼,这样有助于提高机体的适应能力,锻炼意志品质,但这种运动环境不适宜体质较弱的人。为了安全考虑,比较保险的方式是夏季在阴凉处进行锻炼,冬季选择气温较高的时间段进行锻炼。

第三,选择自己熟悉的锻炼环境,在相对固定的时间进行锻炼,这样能有效提高锻炼的安全性。如果在陌生的环境锻炼,很容易因为不熟悉环境而出现失误或损伤,危害健康。

(二)运动中安全

大学生在运动锻炼中要特别注意做好自我保护,预防过度疲劳和运动损伤。大学生在运动过程中要根据身心状态来调整运动量,注意真实的自我感觉,不要逞强,贯彻健康第一、安全第一的锻炼原则。运动中常见不良状态及处理方式如下:

1. 胸闷、胸痛

胸闷、胸胀、胸痛是运动中比较常见的现象,这是典型的气管痛或心疼痛症状,由冷空气刺激或心脏血液供应不足而引起。如果出现这些不适症状,要停止运动,增加间歇时间,待不适症状消失后再继续运动。在休息的同时注意对呼吸的调整,通过呼吸来放松身心。在户外恶劣气候环境下进行锻炼要注意佩戴口罩,以防呼吸道受到不良空气的刺激。

2. 腹痛

大学生在跑步锻炼中,如果出现肠胃痉挛,就会出现腹痛症状,这是运动中腹痛最常见的原因。造成肠胃痉挛的原因比较多,如有废气贮存在肠胃中;冷空气顺着饮食进入食道管;机体处于运动状态时,循环系统机能不适应运动状态,心搏量较少,静脉血暂时滞留在肝脾内,从而导致腹内发胀、发痛。

运动中感到腹痛时,要减慢速度,如果疼痛严重,应立即停止运动,进行休息或就医。为了预防发生运动中腹痛,在运动前要注意饮食的科学与营养,多补充易吸收消化的食物,饮食结构要合理,饮食类型要丰富,运动前不宜摄入过多碳酸饮料。运动过程中要采用适宜的呼吸方式,避免用嘴巴呼吸。同时要注意随着身体活动而对呼吸深度、节奏进行调整,保持呼吸与身体活动的协调,并注意控制好运动负荷,这些都是预防和处理运动性腹痛的有效方式。

3. 下肢等部位的疼痛

运动锻炼中若出现下肢疼痛现象,要根据疼痛部位和具体症状来进行处理。对于缺乏运动基础的大学生来说,在运动锻炼的前期阶段,小腿三头肌、股四头肌很容易出现疼痛症状,这与运动中积累了大量乳酸有关。轻微的疼痛可不做处理,运动结束后一两天便可缓解。如果疼痛不明显,依然可以继续坚持锻炼,但要控制好运动量和运动强度,或者疼痛部位少参与运动。如果疼痛感强烈,可暂时停止锻炼,休息一两天,待恢复后再继续参与健身锻炼。坚持参与跑步锻炼半个月左右后,足关节、膝关节处易出现疼痛等不适症状,这主要是由于运动负荷的持续刺激给关节、韧带和骨骼带来了压力而造成的。对于这种较为顽固的疼痛现象,可先休息数日进行调整,待完全恢复后再继续锻炼,重新锻炼要注意控制运动强度。

跑步锻炼中若出现下肢疼痛现象,还要考虑是否与跑步鞋选得不合适、跑道是否太硬等环境因素、装置因素有关,如果是这些原因造成的下肢疼痛,需更换跑鞋,选择适宜的跑道。如果排除客观因素后,采用科学方法进行跑步锻炼依然反复出现下肢疼痛现象,就要及时就医治疗,采用医疗手段来诊断是否发生了关节组织病变。

有时在跑步锻炼或球类运动锻炼中会突然感到下肢剧烈疼痛,对于这种突发性的症状,要尽快就医,诊断是否为突发性肌肉扭伤、突发性肌肉断裂、骨折等损伤,对症处理,不可拖延,以免造成严重的后果。

4. 呼吸困难

有些大学生在运动锻炼过程中总是感到呼吸困难,甚至刚开始锻炼几分钟就有这种感觉,因为呼吸不顺畅,所以难以坚持锻炼。运动中的呼吸困难与内脏器官的惰性有关,机体进入运动状态后,内脏器官的机能暂时无法适应,因此其功能发挥不充分,使得机体需要得不到满足。

要克服呼吸困难,就要坚持循序渐进的锻炼原则,从小强度锻炼开始,再向中等强度、大强度过渡,由小到大安排运动负荷。如果胸闷气短症状明显,可以暂时停止锻炼,自然散步,调整呼吸,呼吸恢复正常后再进入运动锻炼状态,但依然要从小强度的锻炼活动开始。如果调整呼吸后依然不能保持良好的运动状态,则考虑是否与运动强度超出自身机体适应能力有关,此时就需要将运动强度降低到适合自己真实运动水平的程度。

5. 中暑

在烈日当头的天气进行户外运动锻炼或在室内高温环境下进行锻炼,都容易发生中暑。中暑的常见症状是头晕耳鸣、头痛烦躁、浑身乏力,甚至会惊厥和陷入昏迷状态。治疗运动性中暑,首先要在阴凉场所进行物理降温,如用冰袋冷敷额头、腋下、胸部、膝窝等部位,用温毛巾擦身体。如果体温过高,需进行药物治疗,若有更严重的症状,需及时就医治疗。

大学生在健身锻炼中要注意提前做好准备工作,预防中暑,以防为主。尽量不要在一天中气温最高的时间段进行户外锻炼,在其余时间段锻炼时,如果活动较为剧烈,且时间较长,也要在阴凉处进行锻炼。如果是室内锻炼,室温不宜过高,要注意开窗通风,可开空调锻炼,但空调温度不宜过低,也不宜在空调风直吹的地方锻炼。

(三)运动后安全

1. 洗澡

大汗淋漓后淋浴对新陈代谢、血液循环、排泄体内废物、放松肌肉、消除疲劳都是十分有益的,所以很多人习惯在长时间的健身锻炼后洗澡或水浴,冲掉汗水,洗掉疲劳,促进身心恢复,以保持精力旺盛和心情愉悦。

在运动后洗澡,要注意两个问题,一是时间,二是水温。什么时候洗澡比较合适,一般来说,身上没有汗,心率恢复正常后才适合洗澡。洗澡要用微热的水,温度过高过低都不合适。如果用池浴代替淋浴,建议运动结束后的池浴时间最多 5 分钟,而且要在干净的浴池中进行池浴,如果能控制好水温和时间,那么池浴比淋浴带来的放松效果更好。洗澡后及时擦干身体,预防生病。

2. 饮食

(1)刚刚结束健身锻炼活动后不能立刻补充食物,可适当饮水,但不宜过早饮食,最早进食时间也应该在运动结束半小时以后。

(2)如果锻炼内容是力量性项目,那么最适合补充营养的进食时间是运动后两小时,这对于增肌、消除疲劳非常有效。

(3)运动后要特别注意对糖分的补充。

3. 睡眠

运动结束后要注意通过适当时间的睡眠来放松身心,消除疲劳,调整精神状态,促进机体恢复,以免因身心疲劳而影响正常学习与生活。

二、大学生科学健身的保健按摩

保健按摩的作用在于促进体能恢复,预防和治疗损伤,提高运动能力。

（一）常见按摩手法

1. 按

用手指、掌的不同部位或肘尖有节律、有弹性地垂直按压体表的一种手法(图 5-2)。

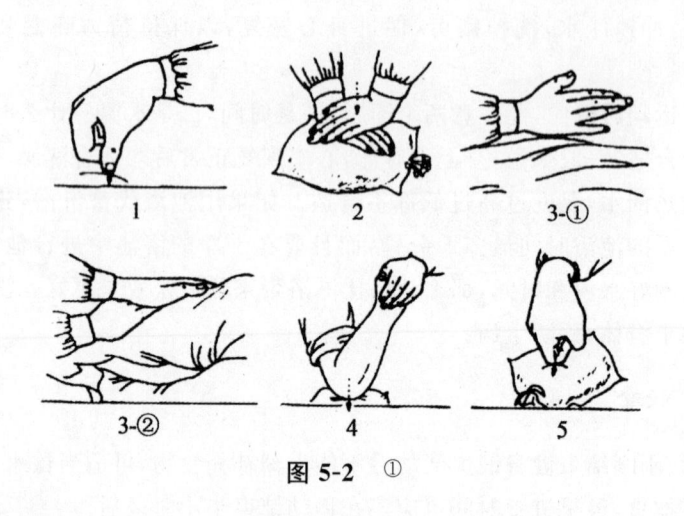

图 5-2 ①

2. 揉

(1)指揉法

用拇指指腹贴在按摩部位回旋揉动。狭小部位或穴位处的按摩适合采用这一手法。

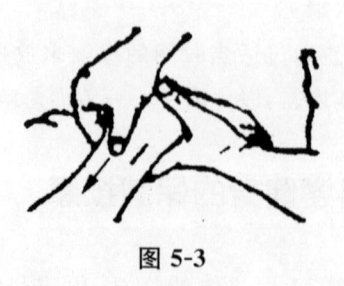

图 5-3

---

① 姚鸿恩. 体育保健学[M]. 北京:高等教育出版社,2006:45.

(2)掌揉法

手掌、掌根、大小鱼际在皮肤上做圆形揉动。手掌始终贴在皮肤上,如图 5-4 所示。

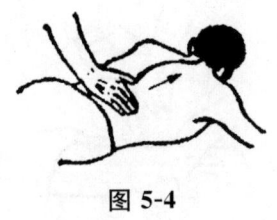

图 5-4

3. 切

拇指指端从肿胀部位的远心端向近心端切压皮肤,手法轻巧而密集,用力轻而缓慢,如图 5-5 所示。

4. 抖动

(1)肢体抖动

双手将肢体末端握住,左右或上下快速抖动,速度由慢而快,再由快而慢,振幅不宜太大。上肢、下肢抖动如图 5-6、图 5-7 所示。

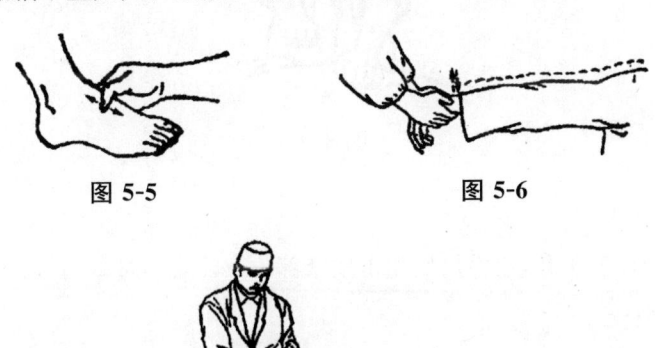

图 5-5　　　　　　图 5-6

图 5-7

(2)肌肉抖动

用掌、指轻轻抓住肌肉进行短时间快速振动,如图 5-8 所示。

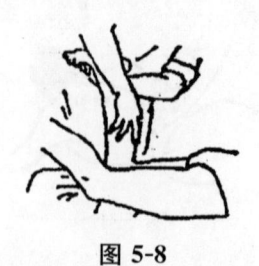

图 5-8

5. 叩打

(1)轻拍

双手半握拳,掌心向下对按摩部位交替拍打。拍打时两手力量均匀,手腕放松发力,如图 5-9 所示。

图 5-9

(2)切击

手指伸直张开,用手尺侧切击按摩部位。注意力量均匀,肘发力,如图 5-10 所示。

图 5-10

(3)叩击

双手半握拳,用拳的尺侧面对按摩部位交替叩打。叩击时双手力量均匀,手腕放松,肘发力,如图 5-11 所示。

图 5-11

6. 运拉

(1) 颈部运拉法

一手将头颈扶住,另一手将下颌部托住,轻轻地做左右旋转和前俯后仰的屈伸活动,如图 5-12 所示。

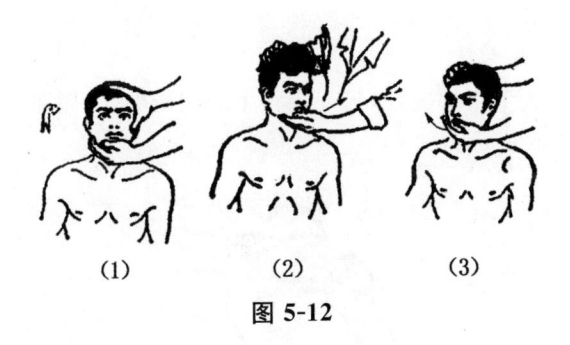

(1)　　　(2)　　　(3)

图 5-12

(2) 肩关节运拉法

一手握肘部,另一手按在肩上,做肩关节的屈与伸、内收与外展、内旋与外旋等活动,如图 5-13 所示。

图 5-13

(3)上肢运拉

一手从背侧握住手或腕,使上肢外展;另一手将同侧肘托住,双手共同用力,先使前臂内旋、屈腕、屈肘,并从外向内推肘,使上臂在肩关节处环转;然后使上肢伸直,如图5-14所示。

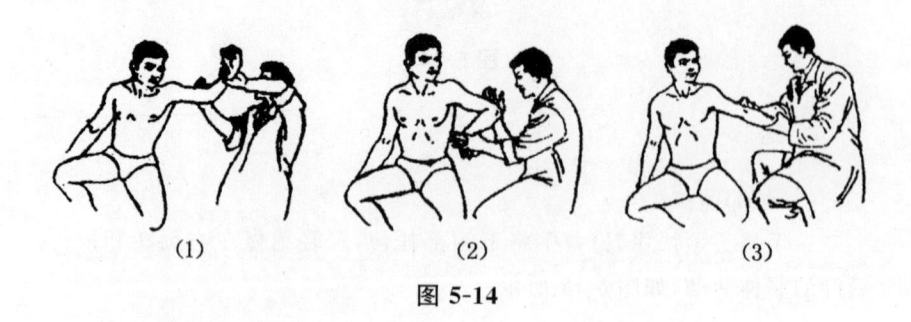

图 5-14

(4)腕关节运拉法

一手将腕关节上部握住,另一手将手的四指握住,做屈与伸、环转等活动,如图5-15所示。

图 5-15

(5)指关节运拉法

一手将手掌握住,另一手将指端捏住,做屈与伸、环转等活动,如图5-16所示。

图 5-16

(6) 髋关节运拉

一手握踝关节上部,另一手按在膝关节上,使膝关节的弯曲保持锐角,做由外向内或由内向外的活动,同时髋关节适当伸、屈,如图5-17所示。

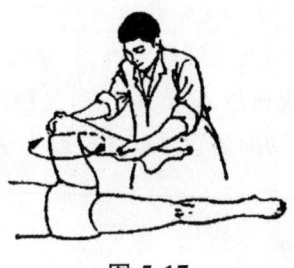

图 5-17

(7) 膝关节运拉

一手固定股部下段,另一手将同侧足部握住,做膝关节屈与伸的活动,在膝关节处于90°位时,做小腿旋内、旋外活动,如图5-18所示。

图 5-18

(8) 踝关节运拉

一手握小腿下部,一手握足,做屈、伸、内翻、外翻和环转等活动,如图5-19所示。

图 5-19

(二)不同运动阶段的按摩

1. 运动前按摩

大学生在健身锻炼前要做好热身准备,采取按摩的方式来调整身体状态,这样既能使身体快速进入运动状态,又能缓解紧张,预防损伤,促进锻炼效果的提升。运动前适宜采取的按摩手法有扳法、牵引法、摇法、滚法、搓法、叩击法等。

2. 运动间隙的按摩

在健身锻炼中,合理安排间隙时间对锻炼效果有很重要的影响。间隙时间并不意味着完全休息,什么都不做,可以通过适当按摩来补充运动中消耗的能量,促进血液循环。这个阶段适合采用拿法、搓法、抖动法等放松效果显著的按摩手法。

3. 运动后的按摩

运动后按摩的意义在于消除疲劳,恢复身体和精神状态,调整食欲,促进睡眠。大学生要根据运动后的身心状态来选择按摩手法,所选手法要有助于消除疲劳,治疗损伤,促进精神恢复。揉捏、抚摩、抖动、振动等都是比较适宜的按摩手法。

第六章 大学生科学健身的实用运动处方

大学生参加运动锻炼的目的多种多样,其中,增强身体素质、掌握运动技能、健身减肥、游戏与娱乐等最受大学生观注。大学生参加运动健身切忌盲目,而是要事先制订科学的运动处方,在运动处方的指导下参加运动锻炼,这样才能取得理想的锻炼效果。

第一节 科学制订健身处方

一、运动处方的概念与特点

(一)运动处方的概念

运动处方是对运动锻炼者或康复患者,根据医学资料,按其健康、体力以及心血管功能状况,用处方的形式规定运动种类、运动强度、运动时间及运动频率,提出运动中的注意事项,指导人们科学参加体育锻炼或进行身体康复活动的一种方法。一个科学合理的运动处方对于大学生参加运动健身具有重要的指导意义,它不仅能增强健身锻炼的效果,还能保证大学生运动中的安全,避免发生运动损伤。具体而言,运动处方的价值主要体现在以下几个方面:

(1)在科学合理的运动处方的指导下,大学生的身体素质能够得到明显的改善,同时还能预防和治疗肥胖症、高血脂、冠心病等各种疾病,由此可见运动处方具有增强体质、预防运动伤病的价值。

（2）在科学的运动处方指导下，大学生能迅速有效地提高自身的综合运动能力，在此基础上参加体育运动锻炼就会取得事半功倍的效果，能轻松自如地参加健身锻炼。

（3）在科学的运动处方指导下进行体育运动锻炼，大学生能很好地保障自身的运动安全。

（二）运动处方的特点

大学生在参加体育锻炼时按照事先制订的运动处方参加运动锻炼，通常都能取得不错的锻炼效果，由此可见运动处方的重要价值。一般来说，运动处方的特点主要体现在以下几个方面：

1. 目的性特点

大学生参加体育运动锻炼的项目有很多，如各种球类运动、游泳、跑步等，大学生可以根据自己的爱好合格兴趣自由选择运动项目。在确定运动项目后，可以制订相应的运动处方。在制订运动处方时要确定一个明确的目标，如运动处方以促进身体健康为主，或运动处方以提高运动技能为主等，由此可见，运动处方具有一定的目的性特点。

2. 科学性特点

运动处方的制订需要建立在一定的科学理论基础之上，这些运动理论基础主要包括运动生理学、运动心理学、运动医学以及运动锻炼的基本原理与机制等，只有在这些科学理论的指导下，制订出的运动处方才具有科学性、可操作性和实效性。大量的运动实践充分表明，大学生体育锻炼者按照运动处方进行运动锻炼，能很好地增强自己的身体素质，预防与治疗各种运动疾病，同时还能极大地提升自身的社会适应性，促进自身的全面发展。

3. 针对性特点

针对性也是运动处方的一个非常重要的特点。运动处方的针对性是指要针对运动者个人的身体素质、运动基础和兴趣爱好等合理地选择运动锻炼的内容、手段和方法等，在这一情况下制订出的运动处方具有

第六章　大学生科学健身的实用运动处方

较强的针对性和实用性,能起到应有的效果。

4. 计划性特点

运动处方的制订不是盲目的,需要按照一定的目标进行制订,运动锻炼者需要根据制订好的运动处方按部就班地进行体育锻炼,由此可见运动处方具有一定的计划性特点。运动者在科学的运动处方的指导下参加体育锻炼,要合理地安排运动负荷,脚踏实地地进行运动锻炼,不能急于求成。

5. 安全有效性特点

运动处方是按照大量的科学理论、依据一定的目标制订出的,因此按照这一运动处方进行运动锻炼,运动者的安全能得到良好的保障,因此说安全有效性也是运动处方的一大特点。需要注意的是,大学生在参加体育运动锻炼后,要对自己的锻炼情况做出及时合理的评价,以便灵活地调整运动处方,从而增强运动锻炼的效果。

二、运动处方的制订

(一)运动处方制订的程序

运动处方的制订并不是盲目的,而是需要遵循一定的程序与步骤,只有如此才能制订出科学合理的运动处方。运动处方指定的程序与步骤如下所述。

1. 健康调查与评价

这一步骤的主要目的在于帮助运动处方的制订者详细了解运动对象的基本情况,从而为制订运动处方奠定良好的基础。了解运动者的基本情况应从以下方面进行:

(1)了解运动者的病史及健康状况。如既往病史、现有疾病、家族史、目前身体基本情况等。

(2)了解运动者的运动史。如运动经历、运动爱好和特长、是否发生过运动损伤等。

(3)了解运动者的运动目的和动机,了解运动者对运动健身的期望等。

(4)了解运动者的社会环境条件。包括生活条件、学习及工作环境、运动环境、运动锻炼指导等方面的情况。

2. 运动试验

运动试验也是制订运动处方的一个重要步骤,进行运动试验的主要目的在于为制订科学合理的运动处方提供必要的依据。一般情况下,运动试验主要应用于以下范围:

(1)运动试验能为制定运动处方提供必要的依据,确保运动处方的有效性。

(2)检测运动者的身体状况。

(3)评定运动者的心脏功能状况。

(4)用于冠心病的早期诊断及评定。

(5)可以用其作为运动康复治疗效果的评定指标。

在当今社会背景下,运动试验的应用范围逐渐扩大,这对于运动处方的制定无疑是有较大的帮助的。运动处方的制定少不了运动试验这一步骤。

3. 体质测试

在运动处方指定的过程中,体质测试也是一个非常重要的环节,对运动者的身体情况进行测试能为运动处方的制定提供良好的依据。体质测试的内容主要包括以下几个部分:

(1)运动系统测试

这一测试的主要内容是肌肉力量的测试,包括以下两种测试方式:

①手法肌力测试

测试开始前,让受测试者在适当的位置,肌肉作最大的收缩,使关节远端作自下向上的运动,同时,由测试者施加阻力或助力,以此来观察受试者对抗地心引力或阻力的情况。

②围度测试

围度测试主要是根据肌肉力量的大小与肌肉的生理横断面有关的生理常识来测试肌肉力量的方法。其指标主要有:上臂围度、前臂围度、大腿围度、小腿围度、髌骨上 5 厘米的围度、髌骨上 10 厘米的围度等。

第六章　大学生科学健身的实用运动处方

(2)心血管系统测试

心血管系统测试是体质测试的重要内容,这一测试内容主要包括静态检查和动态检查两种。测试的指标主要有:心率、血压、心电图等。通过这一测试能很好地检测出运动者的心血管发展情况。

(3)呼吸系统测试

呼吸系统测试主要包括肺活量、通气功能、呼出气体分析、屏气试验等几个指标。通过这一系统测试主要是检测运动者的呼吸系统是否存在异常情况。

对于一些有氧运动项目而言,检测运动者呼吸系统尤为重要,这一环节的内容必不可少。

(4)有氧耐力测验

一般情况下,有氧耐力测验主要包括走、跑、游泳等三种方式。这三种方式在体质测试中最为常见。具体的测试方式主要是耐力跑,分为定时间的耐力跑和定距离的耐力跑两种。

以上就是体质测试的主要内容,通过这些内容的测试,能帮助测试者很好地了解自身的体质发展情况,从而为运动处方的制定提供真实客观的依据,保证运动处方指定的科学性和合理性。这对于大学生科学地参加体育运动锻炼,提高运动锻炼的效果都具有非常重要的意义。

4. 制订运动处方

通过以上步骤后就可以着手制订运动处方了。在制订运动处方时,我们要做好以下方面:

(1)做好必要的身体检查和准备活动

制订运动处方前要仔细调查运动者的体力情况,进一步保证运动的运动锻炼安全。在锻炼开始前,要强调做好充分的准备活动,这能有效地预防和避免运动损伤。

(2)合理安排运动负荷

安排运动负荷时需要注意以下两个方面的要求:

第一,充分运用丰富的运动生理学、运动生物化学、运动医学等方面的理论知识确定合理的运动负荷。

第二,要根据运动者的实际准确判断其体力状况、学习与生活情况,为运动负荷的制订提供必要的依据。

(3)督促运动者执行规定的要求

第一,针对运动者的具体实际,提供合理的请求,如不加建议运动者参加某一项运动等。

第二,明确自我观察与运动负荷的相关指标,指标发生变化时要及时告诉运动者。

第三,传授运动者必要的运动安全知识,做好这一方面的宣传工作。

(4)指导锻炼者定期复查身体和测定体力

运动者在经过一段时间的体育运动锻炼之后,要检查其身体发展情况,对其各项体能指标进行测定,然后做出客观的评价。运动者应根据反馈信息及时地调整运动处方,以保证运动锻炼的顺利进行。

(5)充分考虑运动者的身体素质情况

运动处方的制订要重视运动者的身体素质发展情况,这一方面是非常重要的。身体素质主要包括体力、力量、速度、耐力等几个方面,通过身体素质情况的了解,能为运动处方的制订提供真实客观的依据。

(6)考虑环境因素

运动者在参加体育运动锻炼时通常都会产生一定的生理反应,其原因主要在于受周围环境的影响,如在寒冷或高温、污染等环境运动,运动者就会产生不良的生理反应。因此,在制订运动处方时还要充分考虑环境因素,以保证运动处方制订的科学性和有效性。

(二)运动处方制订的原则

为保证运动处方的科学性和有效性,制订运动处方时还需要遵循一定的原则,这些原则主要有以下几个。

1. 安全性原则

一般情况下,制订的运动处方要首先能保证运动者的安全,这是最为重要的。运动处方的制订少不了大学生身体情况的全面检测,只有如此才能降低运动损伤发生的概率。在参加运动锻炼的过程中,大学生要合理地选择运动负荷,保证运动锻炼的合理性和安全性。

2. 针对性原则

每一名大学生都是不同的,这突出表现在个性特点、运动基础、学习

第六章　大学生科学健身的实用运动处方

能力等多个方面,因此制订运动处方时一定要因人而异,遵循针对性的基本原则。依据这一原则制订的运动处方能保证青少年参加体育锻炼的科学性和有效性。反之,如果制订的运动处方欠缺针对性,一概而论,如老年人和年轻人共用同一种运动处方,双方都不会取得理想的锻炼效果。因此,运动处方的制订一定要量身定制,区别对待,如此才能保证运动锻炼的科学性和有效性,才是合理的运动处方。

3. 渐进性原则

在制订运动处方时还要遵循一定的渐进性原则,因为大学生体质的增强不是一时一日而成的,需要通过长期的运动锻炼才能实现。在实现体质增强目标的过程中需要按部就班地进行运动锻炼,这一锻炼的过程是渐进性的,不能急于求成,急于求成反而不会取得理想的锻炼效果。渐进性原则要求制定的运动处方要能根据学生个人的体质状况由小到大逐步增加运动负荷,要依据具体指标安排渐进的幅度和阶段时间,确保运动锻炼的科学性和有效性。

大学生在参加运动锻炼的过程中,要按照科学的运动处方逐步提高运动负荷量,循序渐进地进行运动锻炼,不能突然进行一次大强度、长时间的运动锻炼,这样反而难以取得理想的锻炼效果,甚至可能给身体带来伤害。

4. 全面锻炼原则

人体每个系统之间都是互相联系在一起的,每个系统都有自己重要的功能,发挥着重要的作用。大学生参加体育运动锻炼时要按照既定的运动处方本着全面锻炼的原则进行,这样身体的各个部位才能都得到锻炼,才能促进身体全面素质的发展和提高。

5. 可操作性原则

制订运动处方时还要充分遵循可操作性的基本原则,这一原则要求运动处方要能充分利用各种体育资源,针对学生的具体实际设计合理的锻炼手段与方法。只有各个环节都具有一定的可操作性,学生按照这一运动处方参加运动锻炼才能取得理想的锻炼效果。

三、运动处方的实施

一个完整的运动处方应该包括准备活动、基本活动和整理活动三个部分,运动处方的实施要严格按照以上几个部分进行,确保运动处方实施的科学性和合理性。

(一)准备活动部分

大学生在参加运动锻炼前,一定要做好充分的准备活动。这一部分的活动能使大学生的身体逐渐从安静状态进入到工作(运动)状态,逐渐适应运动强度较大的训练部分的运动,避免出现心血管、呼吸等内脏器官系统突然承受较大运动负荷而引起的意外,避免肌肉、韧带、关节等运动器官的损伤。

通常情况下,准备活动部分的运动锻炼主要采用运动强度小的有氧运动和伸展性体操。准备活动部分的时间,可根据不同的锻炼阶段灵活的变化。在开始锻炼的早期阶段,准备活动的时间可为 10~15 分钟;在锻炼的中后期,准备活动的时间可减少为 5~10 分钟。大学生在参加运动锻炼的过程中,一定要做好必要的准备活动,保证运动的安全。

(二)基本活动部分

基本活动部分是运动处方最为重要的内容,是运动者达到康复或健身目的的主要途径。在这一部分的运动锻炼中,运动内容、运动强度和运动时间等要合理地安排,保证运动锻炼的科学性和有效性。

(三)整理活动部分

大学生在参加完运动锻炼后,还必须要做好整理活动的内容。这一部分也是运动处方的重要内容之一。在运动结束后,运动者不应立即停止运动,而应参加一些整理活动,这样才能促进运动机体的有效恢复。进行整理活动的主要目的在于避免突然停止运动而引起身体不适,同时还能有效地防止运动损伤。常见的整理活动方式主要有散步、放松体操、自我按摩等,一般情况下,时间最好控制在 5 分钟左右。通过整理活动的安排能有效地保护运动者的运动安全。

第二节　有氧运动处方

一、有氧运动概述

有氧运动是指人体在氧气充分供应的情况下进行的体育锻炼。即在运动过程中，人体吸入的氧气与需求相等，达到生理上的平衡状态。通过有规律的有氧运动锻炼，人体心脏功能更强，脉搏输出量更多，则供氧能力更强，脉搏数会适当减少。一个心肺功能好的人可以参加较长时间的有氧运动，且运动恢复也较快。

二、科学的有氧运动处方

（一）运动目的

人们参加有氧运动锻炼的目的主要体现在以下几个方面：
第一，增强身体素质，发展体能水平。
第二，促进人体的生长发育。
第三，有效预防和治疗某些日常生活中常见的疾病。
第四，丰富大学生的业余文化生活。
第五，提高学习与工作的效率。
第六，提高运动技能水平，掌握一技之长。

（二）运动项目

可供大学生选择的有氧运动项目时非常多的，如慢跑、游泳、骑自行车、打太极拳、健身舞等，这些运动项目的特点是运动强度低、富有节奏、持续时间较长，坚持参加这项运动项目的锻炼能很好地发展和提高大学生的耐力水平。

(三)运动时间

一般来说有氧运动 30 分钟以前消耗的能量是由身体内的血糖和肌肉来提供的,30 分钟以后才由分解脂肪来提供能量。建议运动到 30～60 分钟,其中至少有 20 分钟心率在 134～140 次/分钟,运动最好安排在下午的两点到六点之间。这样通常能取得不错的锻炼效果。

(四)运动频率

运动频率的多少会在一定程度上影响运动锻炼的效果,大学生一定要结合自己的具体实际合理地把握。一般情况下,运动频率最好是每周运动 3 次到 4 次,一般能取得不错的锻炼效果。

(五)注意事项

(1)参加运动锻炼前,要做好充分的准备活动。
(2)保持适宜的运动量,如果感到运动量过大就要进行适当的调整。
(3)做好运动后的整理活动,进行整理和放松,促使身体机能及时恢复。
(4)坚持不懈的参加运动锻炼,不能荒废。

第三节 运动减肥处方

一、肥胖的概念及原因

(一)肥胖的概念

相关研究与事实早已表明,肥胖对人的身心健康都是有害的。如今肥胖已成为人们热议的一个话题,受到人们的广泛关注。

关于肥胖的概念,世界卫生组织曾经下过一个定义,肥胖是脂肪在人体内过多积累,达到引起健康损害程度而形成的一种慢性非传染性疾病。因此,一定要注意肥胖症的预防。

（二）肥胖的原因

导致人体肥胖的因素有很多，通常来说主要有以下几个方面：
(1) 遗传和内分泌代谢出现异常情况。
(2) 脂肪摄入过多导致肥胖。
(3) 作息不规律，精神状态较为紊乱。
(4) 嗜睡，运动锻炼较少。
(5) 饮食不合理，进食速度过快。
(6) 脊背褐色脂肪细胞机能衰退。
(7) 血液中缺少三磷酸腺苷酶。
(8) 摄入过量的高胆固醇。
(9) 过多地食用含糖分多的食品。

从某种意义上来说，肥胖可以说是人体营养过剩的一种表现。由于人体能量的供给大于能量的消耗，脂肪便堆积在体内，久而久之就会导致肥胖。以上因素都会或多或少的导致人体出现肥胖的情况，需要大学生在平时的生活和学习中加以注意。

二、运动减肥处方的制订

对于大学生而言，导致其发生肥胖的原因主要有作息不规律、饮食不健康、缺乏体育运动锻炼等。长期在这样的状态下，大学生就容易出现肥胖的现象，因此需要引起高度重视。

发生肥胖现象的大学生，可以依据下面的减肥运动处方进行运动锻炼，通常能取得不错的效果。

（一）运动项目

大学生可以根据自己的爱好和兴趣选择健步走、长跑、游泳、划船、自行车、爬山、健身操等有氧运动项目，长期坚持参加锻炼通常能获得不错的减肥效果。

(二)运动强度

大学生减肥运动处方的运动强度,应达到本人最大吸氧量的60%~70%或最高心率的70%~80%。

(三)运动频率

想要减肥的大学生,首先要从主观上意识到减肥的重要性,要有强烈的减肥欲望。通常情况下,减肥处方的运动频率可适当增大一些,一般每周锻炼4~5次为宜。

(四)运动时间

有氧运动对于大学生实现减肥的目标是比较有效果的,需要注意的是,有氧运动的时间一定要有多所保证,通常情况下,每次运动的时间应坚持1小时以上。大学生可以依据自己的减肥需求适当增加运动的时间,但每次锻炼的时间不要少于1小时。

(五)注意事项

(1)大学生在参加运动锻炼的过程中可以依据自身的具体实际适当地调整练习的内容和次数。
(2)运动负荷的安排一定要合理,通常来说,以第二天不感到疲劳为宜。
(3)在天气恶劣的情况下最好不要去参加运动锻炼。

第四节 运动康复处方

一、慢性胃炎康复运动处方

据调查发现,有一部分大学生普遍存在着作息不规律、饮食不规律的现象,长此以往就容易诱发慢性胃炎。慢性胃炎对于大学生的身体发育是十分不利的,因此要引起高度重视。预防与质量慢性胃炎,除了养

第六章 大学生科学健身的实用运动处方

成良好的饮食规律外,还可以通过运动锻炼的方式进行,在合理的运动处方指导下参加运动锻炼,能有效治疗慢性胃炎病症。

下面是关于大学生慢性胃炎的运动处方。

(一)运动目的

(1)逐步增加能量消耗,促进人体的物质代谢与能量代谢。

(2)通过参加运动锻炼能有效地增强运动者的胃肠蠕动,促进消化液的分泌。

(3)通过参加体育运动锻炼能有效增强运动者的胃肠消化与吸收功能,增加运动者的食欲,从而促进营养的吸收,为体质的增强奠定良好的基础。

(二)运动内容

1. 散步

运动者在散步的过程中能有效促进身体内脏器官的颤动,能很好地按摩内脏器官,促进胃肠的蠕动,促进其消化功能的增强。

2. 腹部按摩

运动者采取仰卧姿势,右手掌心在腹部按顺时针方向绕圈按摩,或从上腹往下腹缓慢按摩。通过这一按摩方法能有效地促进运动者的胃肠蠕动,增加胃液分泌,对于改善腹部胀痛具有十分明显的效果。

3. 体转运动

运动者两脚开立,上体以腰为轴左右转动,两臂随上体的转动自然摆动。这一运动方式也能有效促进运动者的胃肠蠕动,有助于胃肠消化功能的增强。

(三)运动强度

通常情况下,治疗慢性胃炎的运动主要以中小强度为佳,运动强度的增大要依据运动者的具体实际进行。步行 2~3 千米/小时;按摩手法由轻至重;体转运动每次做 300~400 次。

(四)运动时间

大学生慢性胃炎的运动处方,通常情况下,每次运动 30~60 分钟,伴随着运动锻炼的逐步深入,运动时间可依据运动者的身体情况适当的延长。

(五)运动频率

慢性胃炎的运动处方,对于散步和体转运动而言,通常情况下以每天 1~2 次为宜;腹部按摩则可以每天 3~4 次。

(六)注意事项

(1)大学生在参加运动锻炼期间,除了日常的饮食安排要合理外,还要注意结合药物治疗。

(2)大学生按照事先制订的运动处方参加运动锻炼的过程中,要合理地安排运动时间和运动负荷,饭后不宜立即进行运动。

(3)在运动锻炼的过程中要注意运动的安全,避免发生运动损伤。

二、便秘康复运动处方

目前,我国很多学校的大学生都普遍存在着运动不足的情况,再加上作息不规律,在这样的情况下,就容易导致便秘,久而久之就会引起消化道疾病,这非常不利于大学生的身心发展。因此,制订一个便秘康复运动处方是非常关键的。根据这一运动处方参加运动锻炼能有效改善大学生的便秘情况。

(一)运动目的

(1)通过运动改善人体中枢神经和植物神经机能,促使排便的条件反射恢复。

(2)通过参加运动锻炼促进人体胃肠道的蠕动,减少消化道内容物停留时间,促进食物的消化。

(3)提高人体肌肉力量,尤其是腹肌、盆底肌的力量,有利于排便。

(二)运动内容

(1)仰卧屈腿:两腿同时屈膝提起;大腿贴腹,还原。
(2)仰卧举腿:两腿同时举起,直膝,缓慢放下。
(3)仰卧腿屈伸:轮流屈伸两腿,模仿踏自行车的动作。
(4)仰卧起坐:仰卧位坐起,体前屈至两手摸足尖。

(三)运动强度

以上运动锻炼的内容并不是很多,大学生可以采取中等强度负荷进行运动锻炼。在锻炼的过程中,大学生可以根据自身的实际情况合理地调整动作的次数,也可以适当地降低或增强运动强度。

(四)运动时间

通常情况下,大学生参加运动锻炼的时间为每次练习30~60分钟,最好不要低于这一时间,否则就难以达到应有的锻炼效果。

(五)运动频率

反复进行以上内容的运动锻炼,在条件允许的情况下,可以由同伴辅助自己进行锻炼。关于运动的频率,一般情况下,应坚持每天一次或两次,一周最好不少于五次。

(六)注意事项

(1)大学生要坚持每天都要参加运动锻炼,不能荒废,久而久之就会每天应定时、定量进行运动,以便形成条件反射。
(2)大学生要养成按时排便的好习惯,久而久之就会建立良好的条件反射。
(3)在平时的生活中,大学生要注意改善自己的饮食,做到不喝酒,不吸烟,养成良好的行为习惯。

三、抑郁症康复运动处方

伴随着时代的不断发展,社会竞争越来越激烈。对于大学生而言,他们也面临着一定的学业压力和就业压力,长期在这样的环境下就容易导致抑郁症。抑郁症可以说是一种精神疾病,患有这一精神疾病的人通常都多眠,情绪比较低落,思维比较迟缓,对任何事物都带有一定的悲观情绪,更有甚者会出现自杀行为。据相关研究表明,目前抑郁症已成为我国的第二大疾病,对于人们的身心健康发展是非常不利的。

大学生在患上抑郁症后,情绪会变得非常的不稳定,给其生活和学习带来严重的困扰。而积极参与体育运动锻炼,不仅能增强大学生的体质,还能帮助大学生建立自信,重拾生活与学习的信心。患有抑郁症的大学生可以通过以下所述的抑郁症康复运动处方进行运动锻炼,通常能取得不错的治疗效果。

(一)运动目的

(1)促进人体新陈代谢,宣泄不良的心理情绪,缓解心理压力。

(2)增强体质,帮助大学生形成积极的心理感受,得到周围人的认同,建立生活与学习的自信心。

(二)运动内容

对于患有抑郁症的大学生,可以多参加一些有氧运动,如散步、跑步、跳绳、各种健身操等。在具体的运动锻炼过程中,大学生可以根据自己的喜好自由选择运动项目,也可以经常变换运动的形式,目的是激发和保持大学生参与运动锻炼的兴趣。

(三)运动强度

通常情况下,以上运动锻炼内容主要采取中低强度的负荷进行练习,例如散步应控制在100米/分钟、跑步应控制在40~60步/分钟、跳绳最好控制在30~60次/分钟等。在中低强度下进行运动锻炼,不仅能很好地发展大学生的耐力水平,还能使大学生在适宜的运动状态下获得良好的运动感受。

(四)运动时间

由于每一名大学生的实际情况,包括运动基础、个性爱好、患病程度等都是不同的,因此关于运动时间的选择要因人而异。通常情况下,每次运动锻炼的时间最好维持在 15~45 分钟,伴随着运动锻炼的持续进行,运动时间可适当延长。

(五)运动频率

通常情况下,抑郁症患者的康复运动处方一般应维持在每周运动 3 次以上,需要坚持天天锻炼,不能荒废。

(六)注意事项

(1)大学生要在相关人员的指导下积极进行康复治疗,可以采用运动锻炼与心理疏导的方式进行。

(2)大学生要在平时的生活中注意合理的饮食,要注意补充充足的营养素,一般情况下主要以高蛋白、高纤维、高热能饮食为主。忌食一些刺激性食物。

(3)在平时的生活与运动锻炼中要注意补充足量的水分,这样有利于排泄体内的有害物质,促进身体健康发展。

(4)保持良好的心态,在平时的人际交往中要学会很好地调控自己的情绪,坦然面对发生的事情,对生活充满信心。

四、颈椎病康复运动处方

颈椎病是一种以退行性病理改变为基础的疾病,这一疾病对于大学生的日常生活、学习和运动都会带来不良影响。这一疾病常见于办公室工作人群,近年来发病率不断提高,生病群体也日趋低龄化。对于长期伏案学习的大学生而言,也应重视这一疾病的预防和治疗。

(一)运动目的

制定颈椎病康复运动处方的主要目的在于引导患者做科学合理的活动,降低肌肉萎缩的发生的可能,另外还能有效防止各种炎性反应和组织粘连的发生。具体而言,其目的是可以归纳为以下几点:

(1)改善颈椎的营养供应,加速体内血液循环,保持颈椎的稳定性,提高颈椎椎间关节功能。

(2)通过参加各种形式的运动锻炼,能有效改善器官系统功能,加快体内新陈代谢,在这样的情况下能取得不错的治疗功效。

(3)经常参加运动锻炼能有效促进神经系统机能,促进机体系统的正常发育。

(4)通过大量的机体动作练习,能很好地矫正大学生的不良身体姿势,对于提升大学生的形象,增强自信心具有非常重要的作用。

(5)通过参加各种体育活动,能有效增强大学生的心肺功能,促进其机体的健康发展。

(二)运动种类

颈椎病患者的康复锻炼主要分为以下三个阶段:

1. 第一阶段

一般情况下,这一阶段主要延续三个月,在这一段时间里,患者主要是做一些有利于身体机能发展的伸展运动,还可以做一些有氧运动。

2. 第二阶段

这一阶段主要为康复锻炼3个月后直到身体机能得到完全康复。在这一阶段主要以伸展运动和有氧运动结合为主,其主要目的在于提升人体心血管系统功能。除此之外,患者还可以做一些抗阻力的力量性练习,但需要把握合理的运动强度。

3. 第三阶段

这一阶段主要是患者的身体康复锻炼,这一阶段主要是采取伸展、有氧和力量相结合的锻炼方式,其主要目的在于增强患者的身体素质,提高身体的抵抗力。

(三)运动强度

一般情况下,主要采用心率来控制颈椎病人运动处方的强度。我国人民的最大心率计算公式如下:

男性心率(次/分钟)=220-年龄×0.7
女性心率(次/分钟)=220-年龄×0.8

患有颈椎病的人在康复期的运动心率相当于最大心率的60%～85%,颈椎病人在不同三个阶段的适宜心率分别可近似地确定为最大心率预计值的60%、75%和85%。

(四)运动时间

关于颈椎病康复锻炼的时间不是固定的不变的,要根据患者的具体实际进行合理的调整。通常来说,主要采取每次40～60分钟,包括分别5～10分钟的准备活动和整理活动。一般情况下,锻炼时间要至少保持20分钟以上。

(五)运动频率

(1)运动频率一般控制在每周3～5次。在这一频率下,患者的最大吸氧量有明显增加。

(2)运动锻炼的间歇不能超过3天,条件允许的情况下采取两天一锻炼的频率,通常能取得不错的康复效果。

第五节 筋膜健身处方

一、筋膜理论概述

(一)筋膜的概念

筋膜是机体中最普遍的一类组织。它无处不有,是机体的基础结构。筋膜不仅给予机体内部的和外部的形状,也为机体如循环、神经和淋巴系统等所有的其他系统提供支架结构。因此筋膜被认为是软组织的"骨架"。

(二)筋膜的本质与组成

1. 筋膜的本质

筋膜是一类结缔组织,结缔组织除了筋膜还有其他表现的形式,如腱、韧带、腱膜和疤痕组织。在不同的地方结缔组织也有着不同的名称:脑和脊髓周围的是脑膜;骨周围是骨膜;心脏周围是心包;腹腔内表面的是腹膜;在皮下层包围整个身体和封闭肌肉和肌群的叫筋膜。

2. 筋膜的组成

筋膜主要包含着两种特殊类型的结缔组织,即疏松结缔组织(浅筋膜)和致密结缔组织(深筋膜)。

浅筋膜(疏松结缔组织):是皮肤下面表面的筋膜。毛细血管和淋巴管穿行于此,这层还有很多神经通过,皮下脂肪与其相连。浅筋膜不仅能储存多余的水分和代谢物,还能储存体内激素、神经递质的分解产物和其他化学物质。

深筋膜(致密结缔组织):包绕单个肌纤维、纤维束和整块肌肉的筋膜,以及将肌肉连接到骨的肌腱和将骨连接到一起的韧带,是更坚韧和致密的物质。深筋膜也将肌肉和器官界定,覆盖并包绕心脏的是心包,衬在胸腔内面的是胸膜,它们都是特殊的深筋膜。

(三)筋膜的功能

(1)组成和支持作用:使机体和各组成部分有一定的形状,并将各部分固定在一定的部位。

(2)限制作用:通过提供牢固的界限,增加肌肉的强度,移出筋膜的肌肉明显变弱。

(3)引导和塑性作用:剥去骨膜的损伤的骨在相称的界限内不会愈合。

(4)包容和分隔作用:筋膜包容并引导体液,有利于防止感染的扩散。

(5)为分支的系统提供内部结构:支撑循环系统和淋巴系统的管道

和毛细管,同时支撑神经系统繁多的分支。

(6)使结缔组织再生:筋膜含结缔组织细胞(成纤维细胞),它专门满足增厚结缔组织的需要。帮助修复腱、韧带并形成疤痕组织。

二、筋膜研究进展

随着生活节奏的加快,现代人工作压力日益增高,长期伏案工作、过度使用手机电脑等电子设备、不恰当的身体姿态、不良的生活习惯等因素引发的疼痛症状严重影响人们的生活质量。另外,虽然参加体育运动的人群数量逐年增加,但运动知识的缺乏以及长期不科学运动极易造成慢性运动性损伤,由此带来的疼痛及功能受限严重影响人们的日常生活。经过多年的临床研究发现,一半以上的慢性疼痛都是难治性的非器质性病变疼痛,其中约有60%~80%来自于运动系统,确切地说是来自骨骼肌系统。

人们总是把注意力集中在肌肉、神经、骨骼以及身体的协调性和力量方面,殊不知,筋膜才是症结所在。随着2007年第一届世界筋膜研究大会召开,筋膜在人体内的独特作用才引起了各国研究者的重视,并达成了普遍共识:筋膜是独立的感觉器官和贯穿全身的张力网络系统;筋膜是支持储备系统和自体监测系统。不同的研究人员尝试通过整合关于筋膜与肌肉的认识建立了一个崭新的学科。根据2012年的国际筋膜研究大会对筋膜的定义,认为筋膜是贯穿人体一种胶原纤维组织,不仅包括肌外膜、肌间隔、骨间膜、骨膜、神经血管束等,还有腱膜、肌腱、韧带、肌束膜以及肌内膜。

健康的筋膜能够保护人们,减少受伤、肌肉酸痛和疾病。与筋膜相关的文献相对较少且基本为医学类文章。德国的罗伯特·施莱普(Robert Schleip)和阿曼达·贝克(Amanda Baker)在《运动筋膜学》一书中写到如果给黏连的筋膜施加一定压力,黏连部位周围的组织液就会快速增加,使得人体筋膜恢复其灵活性。黄浩洁等人将泡沫轴滚动大腿后肌群,表明会对人体柔韧素质的提高具有一定的效果。李夏阐述了泡沫轴、按摩球对于筋膜松解的作用,筋膜松解有效提高了关节的灵活性,降低了肌肉的粘滞性,加快了身体代谢。肌筋膜松解可以有效放松紧张肌群、缓解疲劳、改善关节活动度、提升肌肉力量。另外，美国 EXOS 体能团队也开始把筋膜作为一种恢复手段用于训练后的放松与恢复。

肌筋膜链理论是由著名手法治疗师艾达·罗尔芙（Ida Rolf）等人提出的，继而在他的学生托马斯·迈尔斯（Thomas Myers）的实践与解剖方法的论证下得到证实。肌筋膜链理论与祖国医学中的经络相似，强调人体肌肉的整体功能，并且认为人体的骨骼肌肉系统是一个张力均衡的结构，如果同一条链上的肌肉的筋膜发生了"短缩"，那么就会导致另一段肌肉的筋膜发生延长，从而打破了平衡的状态，疼痛症状就会慢慢出现。检查肌筋膜链的功能相关性是未来研究中最紧迫的任务，沿着肌筋膜链的力的传播将为理解疼痛开辟新的前沿，并为开发更全面的治疗方法提供理论基础。

肌筋膜链理论在物理康复治疗领域是一项重大的发明，它为治疗疼痛，预防伤病提供了一个崭新的视角，新的思路。近年来，胡新贞将肌筋膜链理论与形体训练结合起来，认为纠正不良体态的关键在于松解过于紧张的肌肉、筋膜，平衡各肌筋膜链的拉力，真正标本兼治地解决身体姿势的诸多问题。马襄城、刘文杰用肌筋膜链解释和分析了人体肌肉的代偿规律，有效提高肌肉的力量。综上所述，筋膜是从康复领域逐步进入运动训练领域的，其发展经历了一个从解决疼痛，到用于姿态与动作矫正，再到促进运动或比赛后恢复和运动或比赛前梳理的过程。

肌筋膜理论近几年在国内逐渐得到重视，是物理康复领域中一种手法简单、易学的常用康复手段，为"头痛医脚""上病下治"提供了理论支持和实践基础。肌筋膜理论的丰富治疗策略内涵可以应用于运动能力的提升、临床康复、疼痛和诸多疾病治疗中。肌筋膜理论还可以应用在提高某项身体素质上，不再用传统的、单一动作的重复练习达到体质增强、健康增进的目的。

三、筋膜健身对大学生的影响调查

（一）研究对象

选择山西大同大学 2016 级大学生 48 名进行问卷调查，将其分为实验组与常规组,各 24 名。其中,实验组男生 12 名,女生 12 名,年龄 20~22 岁,平均(21±0.12)岁。对照组男生 12 名,女生 12 名,年龄 20~22 岁,平均(21±0.09)岁。两组大学生的一般资料不存在明显差异($P>0.05$),说明可进行比较研究。

(二)研究方法

常规组实施常规健康教育,实验组在常规健康教育的基础上,对大学生实施肌筋膜理论健康教育。

(1)基本知识宣教:如肌筋膜基本知识、健康肌筋膜对人体的影响、运动肌筋膜对人体的影响、如何从肌筋膜角度有效提高大众的健康生活等。

(2)生活习惯宣教:健康筋膜所需要的生活方式,如生活规律按时作息、防止疲劳过度等。

(3)运动宣教:如何做到科学预防运动损伤及提高运动效率、运动成为人们生活习惯的必要性等。

(4)饮食宣教:健康筋膜所需要的健康饮食,如哪些营养物质对于筋膜特别重要等。干预时间为每周公共体育课,上课时间为 90 分钟,每周一次,干预 16 周。

(三)研究结果

1. 干预前后各维度得分比较

由表 6-1 可知,大学生的人际关系、压力处理和自我实现这 3 个维度的分值实验组干预后比干预前,以及干预后的实验组比常规组均具有统计学意义($P<0.05$),这与其他研究结果一致;实验组大学生健康促进生活方式量表总分从干预前的(112.46±16.90)分增长至干预后的(165.38±14.31)分,同时干预后实验组大学生的总分比常规组要高。6 个维度的结果与总分的结果相一致,均具有统计学意义。

表 6-1 大学生健康促进生活方式量表各维度得分($x \pm s$)[1]

维度	干预前 实验组	干预前 常规组	干预后 实验组	干预后 常规组
健康责任	17.54±4.20	17.67±4.40	26.79±3.26[1][2]	18.75±4.74[3]
体育运动	18.33±4.69	18.38±4.60	26.79±3.3202[1][2]	18.92±5.05
营养	19.88±3.71	19.88±3.90	27.71±2.78[1][2]	21.29±4.28[3]
人际关系	19.17±3.95	19.00±4.01	28.21±3.03[1][2]	20.38±4.11[3]
压力处理	18.46±3.45	18.67±3.50	27.79±2.73[1][2]	19.88±4.07[3]
自我实现	19.08±3.92	18.67±3.64	28.08±2.87[1][2]	19.63±4.15[3]
总分	112.46±16.90	112.25±16.36	165.38±14.31[1][2]	118.83±20.70[3]

注：[1]与常规组干预后比较，$P<0.05$；[2]与实验组干预前比较，$P<0.05$；[3]与常规组干预前比较，$P<0.05$。下同。

另外，常规组体育运动维度从干预前的(18.38±4.60)分到干预后的(18.92±5.05)分，不存在明显差异($P>0.05$)，这与其他研究结果是一致的，说明大学生即使其他 5 个维度和总分与干预前相比都有统计学意义($P<0.05$)；践行体育运动最容易被忽视，说明大学生们仍需积极培育健康生活方式和行为意识。

2. 干预前后大学生生活方式健康化比较[2]

由表 6-2 知，实验组大学生处于健康生活方式的比例从干预前的 16.7%增长至干预后的 91.7%，同时干预后实验组大学生的健康生活方式有效率比常规组要高，均具有统计学意义($P<0.05$)。本书中，常规组和实验组在干预前分别有 12.5%和 16.7%的大学生处于健康的生活方式，总体均分分别为(112.25±16.36)和(112.46±16.90)，为不健康等级，提示普遍大学生的健康促进生活方式水平偏低，这与其他研究报道一致。经过 16 周对大学生进行肌筋膜理论健康教育的干预，干预后实验组的健康生活方式的有效率虽然上升到 91.7%，但是处于优等

---

[1][2] 刘宁宁,王海,丁剑翘,等. 肌筋膜理论对大学生生活方式健康化的影响[J]. 山西大同大学学报(自然科学版),2019,35(02):86-88.

级的只占29.2%,说明肌筋膜理论还需时间去践行,真正把该理论作为一种科学意识理念,促进大学生对健康责任的形成,养成良好的生活方式习惯,使大学生们成为具有良好的身体素质、健康体魄的高素质人才,为社会创造更大财富,做出更大贡献。

表6-2 干预前后大学生生活方式健康化情况

时间	组别	例数	差	一般	良好	优	健康生活方式	有效率%
干预前	常规组	24	2	19	2			12.5
	实验组	24	1	19	1	4		16.7
干预后	常规组	24	0	19	3	2	5	20.8
	实验组	24	0	15	22			91.702

通过肌筋膜理论的基本知识和生活习惯宣教,从大学生的思想上抓起,使该理论深入大学生心中,使他们真正自觉自愿地改正长期以来已形成的不良生活习惯,并认识到提高自身体质、健康水平的必要性和重要性;通过肌筋膜理论的运动宣教,科学地指引使大学生将体育运动作为健康生活方式融入生活模式中;通过肌筋膜理论饮食宣教,提高大学生的主动健康意识,将健康饮食纳入日常生活方式中。

对大学生采取肌筋膜理论健康教育干预能有效提高大学生的生活方式健康化,真正做到积极主动的养成健康生活方式,将不正确的生活习惯和生活方式消除在萌芽状态。同时,为建立以肌筋膜理论干预的健康生活方式干预模式提供了科学依据。

四、基于肌筋膜理论下的静力性拉伸对女大学生柔韧素质的影响

柔韧素质是大学生体质测试中一项重要测试指标,对日程生活和体育锻炼都有着重要意义,但当前大学生柔韧素质水平呈持续下降的趋

势。[①] 大学生普遍存在着昼夜颠倒、久坐不起、生活作息紊乱等不健康的生活方式,而大学生的学业和就业压力造成每日伏案学习时间相对较长,静态生活时间显著增加,这些均可导致大学生柔韧素质的下降。目前,已有相关报道从传统功法、太极拳、瑜伽、健身操等方法对大学生体质进行干预,结果显示均能显著提高大学生的柔韧素质。

肌筋膜理论是对人体解剖学框架的新认识,强调人体是一个完整的、互相链接的结缔组织网络,不存在独立的、单独的部分。[②] 该理论目前主要应用于运动能力的提升、疼痛治疗等方面。此外,最近的研究发现,肌筋膜理论还可以应用在提高身体素质和改善大学生生活方式中,从而达到体质增强,健康增进的目的。

(一)研究对象

本研究选择山西大同大学 2016 级女大学生 41 名,将其分为实验组与对照组,分别有 22 名、19 名。其中,实验组年龄 20~22 岁,平均 (21 ± 0.11) 岁。对照组年龄 20~22 岁,平均 (21 ± 0.08) 岁。两组大学生的一般资料不存在明显差异($P>0.05$),说明可进行比较研究。

(二)研究方法

1. 实验法

在公共体育课热身和准备活动中,对照组实施常规教学方法,实验组采用基于肌筋膜理论下的静力性拉伸的教学方法。具体如下:

(1)静力性拉伸方案:在一学年的两个学期中,主要通过在公共体育课堂教学过程中进行。以小腿三头肌、腘绳肌和竖脊肌为主的静力性拉伸,拉伸时注意保持正常呼吸节奏,不要憋气。

(2)静力性拉伸时间:每周公共体育课的热身活动和整理活动。

[①] 邢振超. 我国大学生体质健康现状及其影响因素研究[J]. 科技信息,2012,(02).

[②] Myers TW. Anatomy Trains:Myofascial Meridians for Manual and Movement Therapists[M]. New York:Churchill Livingstone,2001,24.

(3)静力性拉伸频率:每个静力性拉伸动作保持30秒,每个动作做五组。

2. 数据统计法

采用 SPSS 17.0 软件对数据进行处理,两组女大学生坐位体前屈得分情况用($\chi \pm s$)的形式表示,采用 t 检验,两组女大学生良好优秀情况用率(%)的形式表示,采用 χ^2 检验,以 $P<0.05$ 为差异有统计学意义。

(三)研究结果

1. 2016 年和 2017 年两组女大学生坐位体前屈得分情况

实验组女大学生坐位体前屈得分从 2016 年的(14.17±5.64)厘米增长至 2017 年的(19.77±4.00)厘米,同时在 2017 年的数据中,实验组女大学生的坐位体前屈得分比对照组的(16.59±5.39)增长至(19.77±4.00)分,均具有统计学意义($P<0.05$)。见表6-3。

表 6-3 两组女大学生坐位体前屈得分情况($\chi \pm s$)(n=41)

组别	例数(n)	时间	坐位体前屈(厘米)
对照组	19	2016 年	13.50±7.40
		2017 年	16.59±5.39
实验组	22	2016 年	14.17±5.64
		2017 年	19.77±4.00[①][②]

注:与对照组 2017 年比较,①$P<0.05$;与实验组 2016 年比较,②$P<0.05$。

2. 2016 年和 2017 年两组女大学生等级情况比较

实验组女大学生坐位体前屈优良率从 2016 年的 27.3% 增长至 2017 年的 72.7%,具有统计学意义($P<0.05$)。在 2017 年的数据中,实验组女大学生的 72.7% 优良率比对照组的 47.4%,提高较多。见表6-4。

表 6-4 两组女大学生干预前后等级情况比较[n(%)]

组别	年份	例数	不及格	及格	良好	优秀	优良率(%)
对照组	2016 年	19	1	15	1	2	16.7
	2017 年	19	1	9	7	2	47.4
实验组	2016 年	22	2	14	5	1	27.3
	2017 年	22	0	6	11	5	72.7①

注：与实验组 2016 年比较，①$P<0.05$。

(四)结果分析

将肌筋膜理论应用在提高女大学生柔韧素质中，不仅仅为大学生提供一种简单易学的柔韧素质干预方法，而且为高校公共体育课程改革、教学方法与手段的创新提供借鉴。

柔韧素质训练一般以肌肉拉伸为基础。有研究表明，10 分钟静力性拉伸可引起肌腱的粘滞性下降，关节活动度增加。本研究的表 1 结果显示，以小腿三头肌、腘绳肌和竖脊肌为主的静力性拉伸干预后，实验组的女大学生坐位体前屈得分与同组去年的以及对照组同年的数据相比，均有统计学差异($P<0.05$)，这与其他研究结果一致。该干预方法突出肌筋膜理论强调的整体性，不仅仅是一块单独肌肉的拉伸，强调了以后表链为主的相关肌肉的整体性拉伸。

对女大学生进行基于肌筋膜理论下的静力性拉伸干预后，实验组女大学生 2017 年的优良率虽然上升到 72.7%，但是处于优等级的只占 22.7%。而且在 2017 年的结果中，实验组的优良率与对照组相比，无统计学差异。一方面可能是因为大学生们在做每次静力拉伸的拉伸时间和强度上有所松懈，无法做到持之以恒，循序渐进，因此没有达到预期的目的；另一方面，没有对后表链上相关肌筋膜进行松解，是无法更显著性提高大学生的柔韧素质优良率的原因之一。除了本研究中提到的小腿三头肌、腘绳肌和竖脊肌，足底筋膜、帽状筋膜和枕下肌群更应进行多种方法松解，加速局部血液循环，解决肌筋膜粘连，改善关节灵活性。

综上所述,对女大学生采取基于肌筋膜理论下的静力性拉伸干预不仅能有效提高其坐位体前屈的成绩,柔韧素质显著增加,更重要的是让大学生能够从科学、整体的角度改变和提高自身体质水平,同时也为高校有针对性地开展公共体育课程教学改革提供理论与实践依据。

五、肌筋膜理论对高校公共体育课程改革的影响

(一)研究方法

随机选取在校大学生48名,分为实验组和常规组,各24名。在每周的公共体育课程中,实验组对大学生实施肌筋膜理论教学,包括肌筋膜基本知识宣教、生活习惯宣教、运动宣教和饮食宣教四大方面,而常规组仍采用传统的教学方式进行教学。在公共体育课教学16周后,对比两组大学生主动健康意识和科学健身意识的效果。

肌筋膜理论教学具体方法如下:(1)基本知识宣教:如肌筋膜基本知识,健康肌筋膜对人体的影响,运动肌筋膜对人体的影响,如何从肌筋膜角度有效提高大众的健康生活等。(2)生活习惯宣教:健康肌筋膜所需要的生活方式,如生活规律按时作息,防止疲劳过度等。(3)运动宣教:如何做到科学预防运动损伤及提高运动效率,运动成为人们生活习惯的必要性等。(4)饮食宣教:健康肌筋膜所需要的健康饮食,如哪些营养物质对于肌筋膜特别重要等。

(二)研究结果

在高校公共体育课程中,对实验组大学生实施肌筋膜理论教学后,主动健康意识和科学健身意识明显高于常规组,具有统计学意义($P<0.05$)。

(三)结论

主动健康意识和科学健身理念的缺失直接影响了大学生提高体质健康水平,因此,当代大学生急需一种科学理论来指导其实现自我调适和管理健康,真正让大学生认识到健康的重要性,养成合理的健康生活方式,从本质上提升大学生的体质健康水平。将肌筋膜理论应用于指导

大学生从思想上抓起,积极树立"终身体育"和"健康第一"的指导思想。

(1)新的高校公共体育教学方法。与传统的教学方式相比,通过在高校公共体育课程进行肌筋膜理论教学后,实验组主动健康意识和科学健身意识明显高于常规组,说明该教学形式是有效的,效果还强于传统的公共体育教学。因此,要改变和提高大学生的体质健康水平,肌筋膜理论教学不失为一种行之有效的方法,真正使大学生做到坚持科学地适当运动和养成积极健康的生活方式。将肌筋膜理论应用到高校公共体育教学中,可以为高校公共体育课程改革、教学方法与手段的创新提供借鉴,逐步提高大学生的体质健康水平。

(2)树立了主动健康意识。通过在公共体育教学过程中,对实验组大学生实施肌筋膜理论教学,科学地指引大学生将体育健身作为健康生活方式融入大学生的生活模式中,使不良的生活习惯和不正确的生活方式得以更正、预防,从而以科学地角度告诫大学生要养成健康积极的生活方式。

(3)树立了科学健身意识。在肌筋膜理论教学的干预下,促使大学生形成新的体育锻炼观念和习惯,并使大学生在明确锻炼目标的前提下,锻炼兴趣和体育能力得以提高,这有利于终身体育观的形成。将肌筋膜理论引入高校公共体育教学,使大学生真正做到了"知—信—行"的统一,使大学生成为具备良好的身体素质、健康体魄的高素质人才,为社会创造更大财富,做出更大贡献。

(4)推动高校校园体育文化氛围发展。通过在高校公共体育课程进行肌筋膜理论教学后,大学生的体育活动不仅仅局限于公共体育课堂上,将"终身体育"作为大学体育教学的最终目标,使体育教学真正服务于大学生的兴趣爱好中,帮助大学生有效调整心态,缓解压力,积极面对生活,使大学生人人爱体育、会体育、勤体育,从而有效地推动高校校园体育文化的发展。

(5)推动全民健身的发展。从大学生本身出发,将肌筋膜理论应用于指导大学生如何从本质上提升健康水平,当大学生理解"为什么做"后,然后做到"怎么做"和"做什么",指导大学生实现自我调适和健康管理。只有将普通高校大学生作为全民健身的生力军,不断地去影响、教育、改造周边锻炼风气,才能使全民健身真正的深入人心。

六、科学有效的筋膜健身处方

(一)基础部位练习

1. 深压足底练习

(1)赤脚站好,一只脚往前迈出一小步。将一个网球踩在前脚的脚底,即脚趾后方的位置。

(2)将身体的重心从后脚逐渐转移到前脚,再转移到网球上。慢慢向网球施加压力,力度要以脚底感觉舒适为原则。这时,你可能感到一种舒适的压痛感。这种感觉是正常的,压痛点就是筋膜粘连的地方。你可以让网球在此处停留久一点儿,并且微微地来回滚动,以放松此处的筋膜。

(3)以较慢的速度向前移动前脚,让网球从脚趾向脚跟方向滚动。在这个过程中,你要持续地给网球施加一定的力,让脚掌尽量把网球包起来,再向不同的方向滚动网球,这样能让整个脚底的筋膜恢复活力。

一只脚练习完毕后换另一只脚练习,两脚各练习 2 分钟左右。

2. 腰部练习

(1)把一张稳固的椅子或者凳子靠墙放好,防止它滑动。侧身单手撑在椅子上,身体朝椅子倾斜,双腿伸直,尽可能地把整个身体伸展开。注意,腰部不要下沉,下半身应成一条直线。

(2)另一只手臂举过头顶,让整个身体的侧面绷紧、伸展。

(3)拓展练习:改变上方手臂的位置,尝试向不同角度和方向伸展。身体和手臂一起向下弯,或者身体向后伸展。可以多尝试不同的姿势。

3. 腰部和身体两侧拉伸练习

(1)把一张稳固的椅子或者凳子靠墙放好,防止它滑动。侧身单手撑在椅子上,身体朝椅子倾斜,双腿伸直,尽可能地把整个身体伸展开。需要注意的是,腰部不要下沉,下半身应成一条直线。

(2)另一只手臂举过头顶,让整个身体的侧面绷紧、伸展。

(3)拓展练习:改变上方手臂的位置,尝试向不同角度和方向伸展。身体和手臂一起向下弯,或者身体向后伸展。可以多尝试不同的姿势。

4. 肩部及肩胛带的弹振练习

(1)面朝墙壁直立,与墙保持 0.5~1 米的距离。刚开始练习时,你可以站在离墙近一些的地方,等熟练之后,你再慢慢扩大与墙之间的距离。需要注意的是,这个距离要适中,既让你的身体可以前倾,也让你可以用手撑住身体的重量。开始前,两手用力互相摩擦几次,"唤醒"手部的感受器。接下来,将手掌贴在墙面上,停留片刻,感受一下手心与墙接触的感觉。然后身体前倾,将重心放在双手上。接着,两手用力推墙,这个动作可以刺激肩胛带的筋膜。然后从墙面松开双手,身体朝墙壁落下,双手再度爆发性地推墙,使身体远离墙壁。

(2)重复练习 6~7 次然后做拓展练习:改变双手撑在墙上的位置,轮流向左右两侧倾斜。

5. 颈部与背部放松练习

(1)跪在地面或垫子上,手掌撑地,双膝分开与臀部同宽,双手分开与肩部同宽。脊柱开始缓慢地拱起和凹下,像蛇一样呈波浪状扭动。先把胸骨往上抬,背部拱起,然后胸骨朝地面方向沉。在这个过程中,腰椎保持不动,尾椎尽量伸展。动作要流畅,同时,你应该有舒适的感觉。

(2)身体朝两侧来回摆动,并且慢慢加大摆动的幅度,再按 8 字形摆动或者画圆圈。

(3)变换动作的方向和幅度,整个练习要持续几分钟的时间。快要结束时,逐渐减小动作的幅度,慢慢直起身体,感受一下练习给身体带来的变化。

(二)改善学生问题部位的练习

1. 背部简易操练习

(1)滚压腰部筋膜练习

①以自己感到舒适的姿势坐在垫子上或者地上,双臂置于身体后方支撑上半身。然后,抬起骨盆,将泡沫轴横放在腰椎下方。

第六章　大学生科学健身的实用运动处方

②双手交叉置于头后方,朝胸部方向滚动泡沫轴,再将泡沫轴向下滚回腰部。伸直双臂,将肩胛带打开,用非常缓慢的速度来回滚动泡沫轴。

③双腿抬高,把泡沫轴放在下背部(腰部)。做动作时要专注,并且要放慢速度。双手平放于身体两侧的地板上。注意,背部应当略呈弧形,不要让靠着泡沫轴的那部分脊柱过于前凸。

④以做慢动作般的速度调整角度:改变身体与泡沫轴接触的位置,前后左右来回滚动泡沫轴。这样可以充分滚压整个背部筋膜。

(2)背部拉伸练习

①将一张椅子椅背紧靠墙壁放好。往后退大约1米,双臂伸直放在椅面上。你也可以用窗台代替椅子。把重心放在双脚上,双手只要放松地放在椅面上即可。

②双脚分开与臀部同宽,双臂伸直,髋关节位于脚跟正上方。慢慢屈膝,将尾骨向后上方抬,仿佛猫在伸懒腰时把臀部翘得高高的一般。

③将右侧的坐骨结节向后上方抬。右腿伸直,重心落到左脚上。同时右手伸直,手指在椅面上尽可能地向前伸。

④将从背部往下至骶部的部分拱成弧形,这个动作可以拉伸腰部的浅层筋膜。然后把背部伸直,再重复上述练习,从而拉伸腰部更深层的筋膜。注意收紧下腹部,否则腹部器官的重量会导致腰椎向下,造成脊柱过度前凸。

(3)非洲式弯腰练习

①准备一张稳固的椅子,坐在椅子前沿,挺直身体,两脚分开稍比臀部宽。

②下巴朝胸部缩,脊柱一节一节地向下弯,直到指尖能触碰地面。注意,膝盖要保持在脚尖上方。

③试着把身体往下弯得更深一些,使筋膜得到充分拉伸。然后放松身体,让腰部筋膜回弹、恢复原状。

④前后左右小幅度地摆动手臂和下背部。做这个动作时,身体要像在拔草一样有活力地来回摆动。

⑤拓展练习:如果你有把握,可以采用站姿来做。一开始半弯着腰练习,之后把上半身弯得更深些。练习时膝盖微微弯曲,不要打直。

(4)脊柱放松练习

①仰卧在地板上,小腿放在椅面上。要想更舒适一些,可以在骨盆或者小腿下方放一张垫子。把装好网球的袜子拿在手里。

②骨盆下半部分轻轻往地板压,让骨盆最下方的骶骨与地板接触。然后,慢慢地将脊柱一节一节往上抬,再一节一节慢慢放下。重复 3 次。

③抬起骨盆,将塞了网球的袜子放到胸椎下方,让两个网球分别位于脊柱的左右两侧,两个球之间要留一条缝隙,这样胸椎棘突正好在两球中间,不会让人觉得不适。确认网球只压在肌肉上,不会压到骨头,再进行下面的练习。

④慢慢把重心移到网球上,前后左右小幅度改变身体与网球的接触点,同时向网球施压。如果感觉舒适,可以在某一个接触点按压久一点儿。然后把网球移到脊柱的下一节,重复刚才的练习。

2. 肩部拉伸练习

(1)站在墙边,一手平放在上面,身体微微向前倾,直到有拉伸感。

(2)在练习过程中,运动者可以小幅度改变拉伸角度、手的位置、身体与支撑物的角度等,锻炼不同部位的筋膜。①

3. 颈部放松练习

准备:事先准备好一个吹好气的气球。
(1)运动者两腿分开与臀部同宽,站到椅子前,将气球抓在手里。
(2)运动者稍微收紧下腹部,脊柱向前一节一地朝椅子的椅面弯曲。
(3)运动者把气球放在椅面上,用头顶压到气球上,双手轻轻撑在椅面两侧。
(4)运动者在头顶轻轻压住气球,颈部前后左右来回转动。练习时要把头部的重量压到气球上,但是不要压的太用力,颈部处于完全放松的状态。然后慢慢减小动作幅度,仔细体会动作。

4. 前臂放松练习

准备:事先准备好一个小泡沫轴或者一个小水瓶。
(1)运动者将水瓶放在桌子上,前臂放在水瓶上。
(2)前臂施加压力到水瓶上,力度以感到舒适为宜。
(3)缓慢地滚压前臂,水瓶每次滚动几厘米即可。可以让水瓶从手肘滚动到手掌,也可以从手掌滚动到手肘,还可以自己加入一些前臂小

---

① 朱一. 办公室高效健身法——筋膜健身[J]. 现代养生,2017(23):4-5.

第六章　大学生科学健身的实用运动处方

幅度转动。①

5. 全身摆动练习

道具准备：一个 500~1500 克的小哑铃，也可以用一个装满水的小水瓶来代替。

(1)运动者站稳，双腿分开，比臀部宽一些，脚尖微微向外，膝盖朝脚尖方向微微向外，膝盖朝脚尖方向微微弯曲。双手握住哑铃放在身前做准备活动，做大约 1 分钟的准备活动，以促使机体尽快进入运动状态。

(2)运动者做几次对角线方向的单侧摆动动作，脚的姿势也要跟着一起做调整。身体朝哪一侧摆动，就弯曲哪一侧的膝盖，另一腿伸直。在摆动身体的同时张开双臂。向右侧摆动时，左手松开哑铃，右手持哑铃沿对角线向右上方摆动，同时上半身向右转动。

(3)保持紧绷姿势一段时间，同时持哑铃的那只手臂微微前后摆动，这样可以让从伸直的那条腿的脚掌外侧往上到握哑铃的手都有紧绷的感觉。接着，借助向后的反弹力让持哑铃的手臂顺势迅速向下摆动。做这个动作时，身体侧面要像张开的弓一样绷紧。然后，身体从胸部沿对角线向下摆动，摆动时要画出一个匀称的弧线。

(三)适合肌肉型人士和柔韧型人士的练习

1. 筋膜柔软的柔韧型人士——紧实胸部练习

这项练习对筋膜非常柔软却想拥有紧实胸部的女性来说很合适。跪在垫子上，手掌撑地。注意，髋关节应在膝盖正上方，肩膀应在手腕正上方。整个手掌紧贴垫子，指尖稍微用力向下压。这样，前臂会自动转到正确的方向，同时两臂的手肘内侧相对。

保持这个姿势，想象自己正在把肱骨略微向外转。绷紧下腹部以保持稳定，然后一只手离开垫子。

手握一个哑铃或者负重护腕，穿过撑地那只手臂的腋下，向另一侧摆动。

保持这个姿势，让手臂轻轻地左右来回摆动，这有助于胸部肌肉的

---

① 朱一. 办公室高效健身法——筋膜健身[J]. 现代养生，2017(23):4-5.

外层筋膜变紧实。做 5~10 次,然后换边练习。

2. 筋膜结实的肌肉型人士——扩胸练习

(1)平躺在凳子上,只用背部接触凳子,脊柱不要过度往前凸。一手拿一个小哑铃或者一个装满水的瓶子,向两侧伸直双臂,肘关节微微弯曲。

(2)保持这个姿势,让手臂随哑铃的重量自然下垂,直到胸腔感受到拉力。

(3)在这种极度拉伸的状态下做小幅度的主动拉伸。不要用力过猛,要以感觉舒适的力度练习。在拉伸过程中,你可以把手臂从身体两侧朝头顶方向移动,在改变手臂位置的同时让手臂的角度和手的姿势有些变化。

(4)弯曲手臂,重复之前的动作。

(5)挥剑练习。对肌肉型人士来说也是一项很好的练习,不论男女都非常适合。如果你有背部不稳的毛病,请特别注意挥剑练习中的相关提示。

第七章 大学生体能锻炼方略

体能是人体活动与参与运动锻炼的重要基础条件。体能包含多种多样的运动素质,比如,主要是有力量素质、速度素质、柔韧素质、耐力素质等,这些体能素质可以综合起来形成灵敏素质、协调能力等。这些体能素质对大学生运动水平和运动成绩有着非常重要的影响,这种影响可以是直接的也可以是间接的。要想发展和提升大学生的体能,需要采取相应的锻炼方略。本章分别对增强肌肉力量、提高速度、增加柔韧性、改善心肺耐力的锻炼方略进行了分析和阐述,理论与实践指导意义显著。

第一节 增强肌肉力量的锻炼方略

一、力量素质训练方法指导

(一)力量素质训练方法的分类

力量素质训练方法的类型有很多种,大致可以分为三种,即静力性力量训练方法、动力性理论训练方法以及电刺激方法。其中,动力性力量训练方法又可以进一步细分(图7-1)。

(二)力量素质训练的具体方法

一般的,力量素质训练的具体方法有最大力量训练方法、速度力量(快速力量)训练方法和力量耐力训练方法单重。而这三种力量类型的训练方法又可以进一步细分(图7-2)。

```
                                                 ┌ ①重复法
                ┌ 1.静力性力量训练方法   ┌ (1) 克制训练法 ┤ ②强度法
力               │                        │              │ ③极限强度法
量               │                        │              │ ④快速用力法
训              │                         │              └ ⑤极端用力法
练   ┤ 2.动力性力量训练方法 ┤ (2) 等动训练法
方               │                        │ (3) 退让训练法
法               │                        └ (4) 超等长训练法
的               │
分              └ 3.电刺激方法
类
体
系
```

图 7-1 [①]

```
                                         ┌ (1) 重复法
                                         │ (2) 强度法
            ┌ 1.发展最大力量（包括绝对力 ┤ (3) 极限强度法
            │   量、相对力量）的训练方法 │ (4) 退让训练法
            │                            │ (5) 静力性练习法（大强度）
            │                            └ (6) 电刺激法
发           │
展           │                    ┌ (1) 爆发力的训练 ┬ ①快速用力法
力           │                    │                  └ ②超等长练习法
量           │                    │
的   ┤ 2.发展速度力量 ┤ (2) 起动力的训练 ┬ ①各种短距离跑的练习
具           │    的训练方法      │                  └ ②超等长练习法
体           │                    │                  ┌ ①超等长练习法
方           │                    └ (3) 反应力的训练 ┤ ②退让练习法
法           │                                       └ ③模仿练习法
            │
            │                         ┌ (1) 极端用力的方法
            └ 3.发展力量耐力的训练方法 ┤ (2) 等动练习法
                                      └ (3) 循环练习法
```

图 7-2

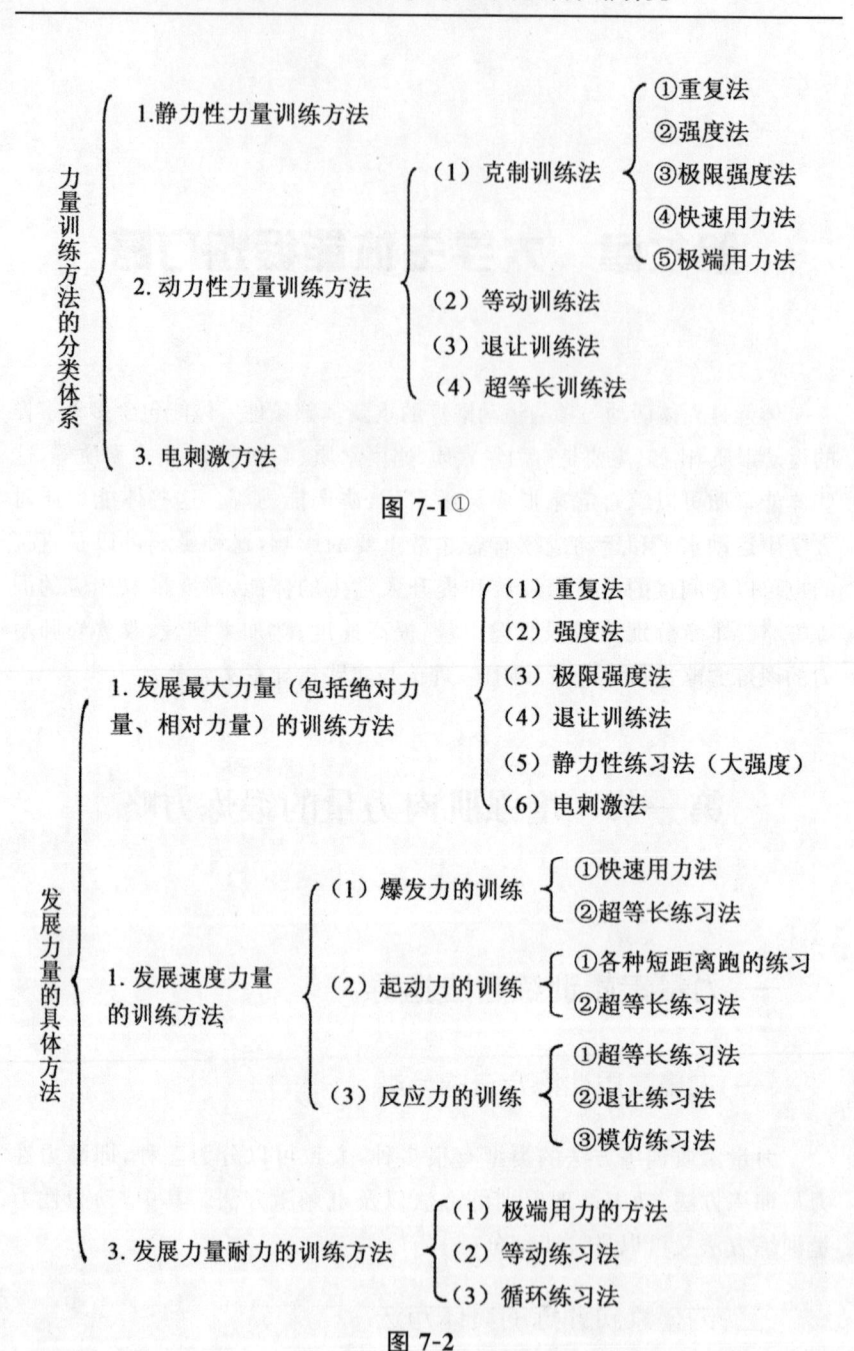

[①] 王向宏.体能训练理论与方法(第2版)[M].北京:北京航空航天大学出版社,2014:35.

二、增强肌肉力量的训练方法

(一)胸部肌肉力量的增强

胸肌就是胸部的肌肉,由左右两部分构成,又称胸大肌(图 7-3)。

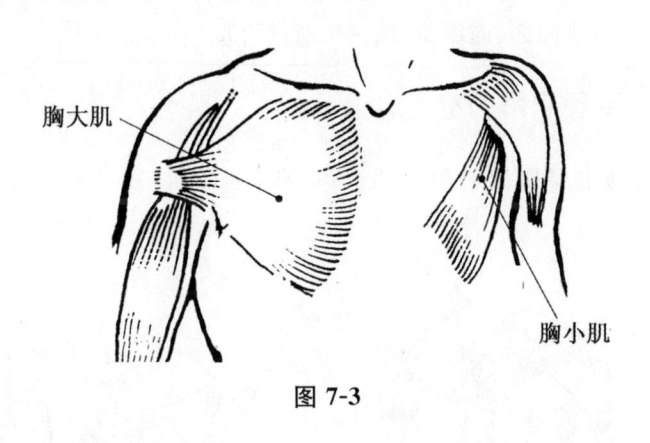

图 7-3

1. 双杠杠端臂屈伸

屈膝、小腿交叉、双臂曲肘支撑、抬头,双杠的量杠间距应为 55～75 厘米。这一训练方法主要能增强胸大肌上部肌力。为了进一步强化训练效果,可以在训练上进行相应的变换,比如,脚背放置小沙袋或壶铃连续做屈伸臂动作;再如,腰负重物或身体穿沙背心连续做屈伸臂动作;除此之外,还可以在吊环上连续做屈伸臂动作。

2. 俯卧撑

俯身向前,手掌撑地,手指向前,两臂伸直,两手撑距同肩宽,两腿向后伸直,两脚并拢以脚尖着地。两臂屈肘向下至背低于肘关节,接着两臂撑起伸直呈原来姿势。这一训练方法的重复进行,能有效增强三角肌的前部、胸大肌以及肱三头肌等力量。为了进一步强化训练效果,可以在训练的形式上进行相应的变化。

(1)手掌撑变为手指撑,连续做俯卧撑动作。
(2)一腿抬起,另一腿着地,连续做俯撑动作。
(3)两脚放在横木上,连续做俯卧撑动作。

3. 杠铃平推

站立,两手握杠铃置于锁骨。连续向前做快推动作。也可两脚前后开立,向前上方做快推动作,两腿前后交替进行。这一训练方法能增强胸大肌、三角肌前部、前锯肌、肱三头肌的力量。

(二)背部肌群力量的增强

背部的主要肌肉为斜方肌、背阔肌、菱形肌(图7-4)以及竖脊肌(图7-5)。

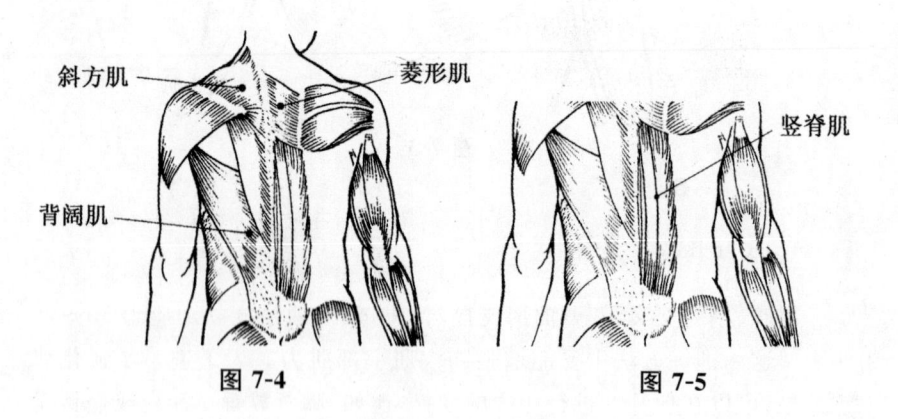

图 7-4　　　　　　图 7-5

1. 直臂下拉

两臂自然伸直,使拉杆经体前拉下至大腿前。这一训练方法能有效增强背阔肌、大圆肌和胸大肌下部肌肉的力量。

2. 背屈伸

身体俯卧在垫子或凳子上,髋部支撑,脚固定,两臂前举连续做体后屈伸动作。身体后屈时,上体尽量抬高。这一训练方法能有效增强伸髋肌和脊柱伸肌的力量。要想进一步强化训练效果,可以在训练形式上有所变化。比如,以下几种训练形式:

①俯卧,两腿伸直,两臂屈肘抱头后,连续做体后屈动作。
②俯卧在木凳上,脚固定,两臂屈肘抱头后,连续做体后屈动作。
③俯卧在跳箱上,两手抱头后,两脚由同伴扶着,连续做大幅度的体后屈伸动作。

3. 俯卧振腿

俯卧在地板或垫子上,两腿并拢伸直,髋部支撑,两臂自然伸直置于体侧,连续做两腿向后上振起动作。这一训练方法能有效增强脊柱伸肌与髋关节伸肌的力量。要想进一步强化训练效果,可以在训练形式上有所变化。比如,俯卧在山羊上,两臂伸直手扶肋木固定上体,连续做两腿向上振起动作;再如,俯卧在木凳上,两手扶木凳,两腿连续向上振起动作。

4. 肩负杠铃体侧屈

两脚左右开立,两手扶住杠铃片、连续向左、右两侧做体侧屈。这一训练方法能有效增强腰背部同侧伸肌与屈肌的力量。

(三)肩部肌群力量的增强

肩部的主要肌肉为三角肌和回旋肌(图 7-6)。

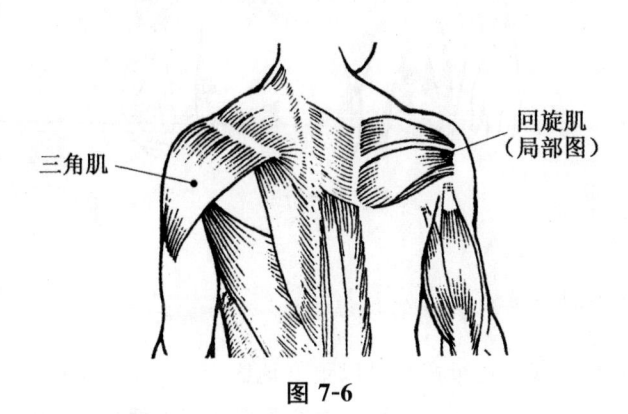

图 7-6

1. 哑铃坐姿转腕推举

两手持哑铃于头侧肩上,俩手拇指相对,边推举边转腕至手臂伸直,两手小指相对。这一训练方法能有效增强三角肌前中束的肌力。

2. 立正划船

略挺胸收腹,两手握杠铃,自然下垂于体前,屈肘,贴近身体向上提至锁骨上缘,窄握距时两臂向内夹拢,靠近耳侧。采用的握距不同,产生的训练效果也不同,其中,窄握距主要增强三角肌前束和斜方肌的力量,中握距主要增强三角肌前束的力量,而宽握距则主要增强三角肌前中束的力量。

(四)臂部肌群力量的增强

臂部的主要肌肉包括肱二头肌、三头肌、前臂肌肉(图 7-7)。

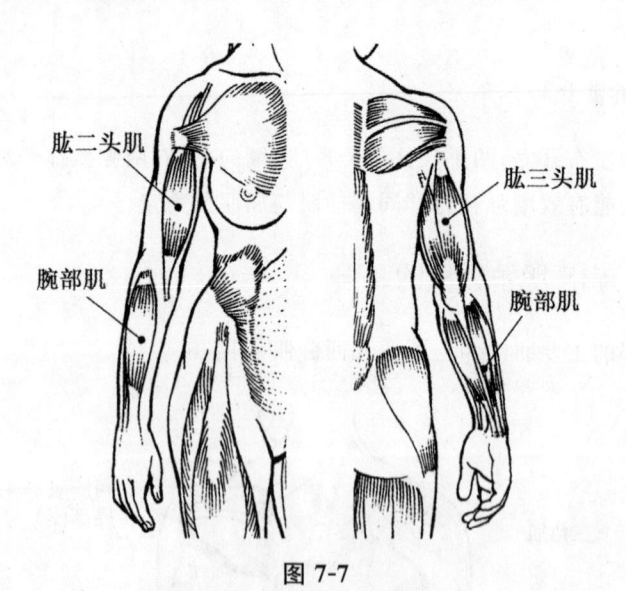

图 7-7

1. 增强肱二头肌力量的训练方法

(1)托板弯起。托板弯起可以更好地固定上臂,并以肘关节为轴弯起。托板的放置有与地面平行、与地面垂直和与地面呈 45°角等,也可以将哑铃、杠铃或拉力器等器械充分利用起来。

(2)斜坐弯举。斜坐弯举可以更有效地固定躯干和下肢,使动作更加独立地完成。

2. 增强肱三头肌力量的训练方法

(1)仰卧臂屈伸。仰卧长凳上,两手以窄握距握住杠铃,上臂与地面垂直,两肘内夹。以肘关节为轴,前臂向头部方向落下,再向上举起至臂伸直。

(2)重垂下压。站立,含胸收腹,两臂弯曲握手柄与乳头上方,掌心向上,下压至手臂完全伸直。

3. 增强前臂屈肌群的训练方法

(1)正握腕弯举。前臂和手腕平放于托板上,手腕下垂,收缩前臂屈肌,手向上弯举。

(2)握橡胶环。掌心向内,松握橡胶环,掌指用力向内合拢,挤压橡胶环。

4. 增强前臂伸肌群力量的训练方法

(1)反握腕弯举。前臂置于托板上,手握杠铃(或哑铃),自然下垂,收缩前臂伸肌群至极限。

(3)锤式铃旋臂。前臂贴住托板,虎口向上,在 80°范围内向两侧旋臂。

(五)腹部肌群力量的增强

腹部的主要肌肉有腹直肌和腹内/腹外斜肌(图 7-8)。

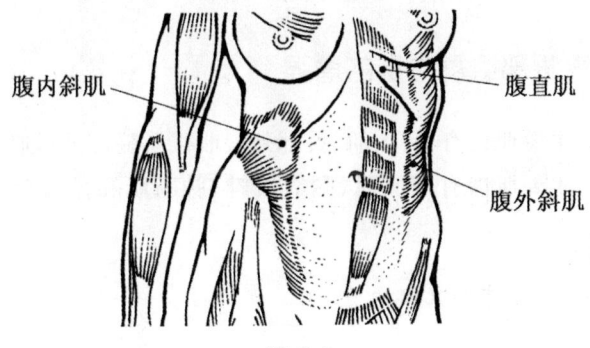

图 7-8

1. 增强上腹部肌肉力量

(1)高置腿仰卧起坐:仰卧地上,两小腿置于凳上,大小腿呈90°角,两手交于颈后,呼气的同时,上体向上弯起收腹。

(2)屈腿仰卧起坐:屈腿仰卧于垫上,双手抱头,收缩腹肌,将胸部拉向腿部,使腹肌被充分挤压。要想强化训练效果,也可以采用以下几种训练形式:

①仰卧在长凳上,两手持杠铃片置于脑后,两脚固定,连续做仰卧起坐。

②仰卧在木马上或斜板上,两脚钩住肋木,两手持球,两臂伸直,连续做仰卧起坐。

2. 增强下腹部肌肉

(1)坐姿屈膝举腿:坐在凳上,臀部稍露出凳面,两手握住凳边缘,上体稍后仰,两脚离开地面。两腿屈膝上举,两大腿靠近胸腹部,同时收腹,缓慢伸腿还原。要想强化训练效果,也可以采用以下几种训练形式:

①支撑屈膝直角坐,接着成直腿后撑直角坐动作。

②背靠肋木,两手正握横木悬垂,两脚夹实心球连续做收腹举腿动作。

(2)仰卧举腿:仰卧地板或、地面或斜板上,双手抓住头后的固定物,两腿伸直(或弯曲)上举至极限后还原。

(3)左右转体:两人靠背伸臂分腿坐,双手侧平举互拉,连续向左右转体。

(六)臀腿部肌群力量的增强

臀部的主要肌肉有:臀大肌、臀部外展肌以及腿部外展肌(图7-9)。

腿部的主要肌肉有四头肌、腘绳肌腱、腓肠肌和比目鱼肌、胫前肌(图7-10)。

1. 增强大腿前群肌肉力量

(1)深蹲:将杠铃置于颈后肩上,两手拉紧杠铃,始终保持抬头,挺胸、紧腰。慢慢下蹲至大腿与地面平行或膝关节角度略小于90°。

图 7-9

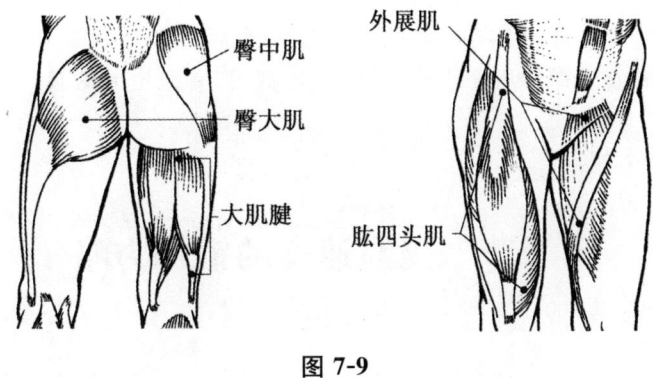

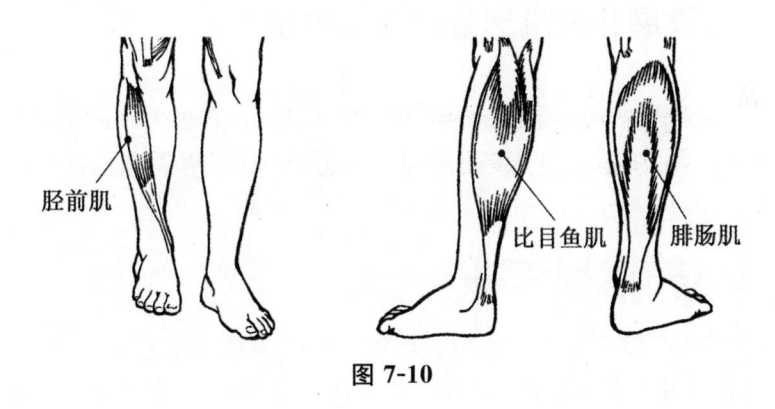

图 7-10

(2)腿屈伸:以股四头肌的收缩力,由小腿将托棍向上举起至两腿完全伸直,然后以股四头肌的张力慢慢放下还原。

2. 增强大腿后群肌肉力量

(1)俯卧腿弯举:俯哑铃卧在长凳上,两小腿夹住一个或脚踝上绑上沙袋,进行腿部的弯举练习。

(2)直腿硬拉和直腿俯身弯起:以上两个动作都是直腿的弯起动作,动作要平稳,躯干弯曲至上体与地面平行或略低于水平位,再挺身起立。

3. 增强小腿肌群力量

(1)站立起踵:前脚掌踏于木板上,脚后跟着地,然后尽量提高脚后跟再进行放下,连续进行。膝关节保持自然伸直状态,脚下应垫 7～10 厘米厚的垫木,用力跐起脚尖使小腿三头肌处于"顶峰收缩"状态。练习时身体正直、上体挺拔,臀部不要后坐。

(2)坐姿起踵:正坐,两腿自然并拢,两脚前脚掌放在垫木上,略挺胸收腹,杠铃置于颈后肩上,膝关节保持伸直,脚后跟用力踮起至极限,然后复原。

第二节　提高速度的锻炼方略

一、发展和提高速度的基本要求

速度素质是快速动作能力的基础,发展快速动作能力一定要优先发展速度素质。在发展和提高大学生的速度素质时,需要做到以下几点要求:

(一)要与年龄特征相符

人体生长发育水平会在较大程度上影响着速度素质的发展水平。因此,在发展和提高大学生速度素质的训练过程中,一定要对这一方面进行充分考虑,再加上合理的措施,才能快速、稳定地发展速度素质。

由于大学生时期已经过了速度素质发展的敏感期,这就需要结合青少年时期的年龄特点,有针对性地进行速度素质的训练。通常,是在保持已经获得的单个动作速度和步频的基础上,采用提高速度力量和肌肉最大力量的方法来增大步幅,从而使大学生的移动速度得到发展和提升。

(二)要做好训练顺序与时间的合理安排

体能素质包含的各项具体素质之间,它们与运动能力之间都有着非常密切的关系,主要表现为相互联系、相互促进和相互制约,在发展某一素质的同时,都会或多或少、直接或间接地引起其他素质的变化。因此,这就要求在发展大学生速度素质时,要从系统论的角度出发,处理好同其他素质的关系,合理安排练习的顺序,促使素质间的互相促进和良性

第七章　大学生体能锻炼方略

转移。

在大学生速度素质的训练过程中,常使用发展力量的手段来促进速度素质发展,但力量素质对神经过程强度有着较高的要求,肌肉收缩用力也大,尤其是静力性力量练习,由于动作缓慢,会降低神经过程和肌肉活动的灵活性。而速度素质要求神经过程的灵活性高,兴奋与抑制迅速转换,肌肉收缩轻松协调。因此,速度素质训练应放在力量素质训练之前进行,力量素质训练也应以动力性力量为主。

(三)要在人体适宜的工作状态中进行训练

速度素质的发展与人的工作状态也有着一定的联系,一般的,人体适宜的工作状态是速度素质发展的必要条件。具体来说,神经系统的适宜状态、内脏系统的适宜状态和肌肉系统的适宜状态都属于适宜状态的范畴。

要想得到这种适宜状态,可以采取的途径有:集中注意力和速度训练前短时间、小强度的活动。如果大学生能够集中注意力,可使神经系统处于适宜的兴奋状态,并使肌肉保持一定的紧张度。而短时间、小强度的活动能提高运动性和植物性功能活动,使内脏系统与肌肉系统间形成适宜的相互关系,对改善肌肉协调性有良好的作用。

(四)要对肌肉的放松引起重视

速度素质的发展和提升,也需要良好的肌肉放松,这一点至关重要。肌肉放松,张弛有度,能够减少肌肉本身的内阻力,增大肌肉合力,使血液循环通畅。肌肉放松时,肌肉中血液流动情况大为改善,比紧张时提高 15~16 倍。血液循环通畅,能给参加活动的肌肉输送大量氧气,加快三磷酸腺苷(ATP)再合成速度,并能节省能量物质,使能量物质得到合理利用,除此之外,还能使肌肉收缩前的初长度增加,从而使运动素质得到综合性的提升。

(五)正确预防和消除"速度障碍"

所谓的"速度障碍",主要是指速度素质发展到一定水平,常会出现提高缓慢,甚至停滞不前的现象。为了克服这种现象,使速度继续提高,需要从以下几个方面着手:

(1)加强基础训练。使大学生对所参与的体育运动项目的基本技术有熟练掌握,全面提高身体素质水平,扩大机体能力,为提高专项能力打下扎实的基础。这样,能够有效延缓"速度障碍"的发生。

(2)训练手段多样化。以不同的节奏和频率完成动作,建立中枢神经系统灵活多样的条件反射,从而使"速度障碍"的状况得到有效缓解。

(3)如果"速度障碍"现象已经出现,就需要有计划、有针对性地发展身体素质,改进技术,加大训练量和训练强度,加大刺激,利用自然条件或人工器械等手段来抵抗"速度障碍"。

(六)要结合专项进行训练

一般人的视、听、触觉中,触觉反应最快,听觉反应次之,视觉反应较慢。对于不同的运动项目来说,其对速度的要求是不同的。

在进行动作速度的训练时,要与大学生所参与的体育运动项目专项技术结合起来进行,让大学生在速度训练中能感觉到躯干等各部位的协调配合及在空间、时间方面的速度节奏,发展专项技术所需要的动作速度的能力。为此,就要求必须正确选择与专项技术在结构上相似的训练方法与手段。

二、提高速度素质的训练方法

(一)反应速度的提高

(1)仰卧起跑:在垫子上成仰卧姿势,当听到口令以后要快速转体成俯卧撑后做蹲踞式起跑,接急速跑,向前跑出 20 米。

(2)起动跑:双手撑地,两腿交叉成弓步状,当听到口令后,要快速起动向前跑出;或者两腿做弓步交换练习,当听到口令以后快速起跑,向前跑出 10~20 米。练习 3 组,每组练习 2~3 次。

(3)起跑接后蹬跑:采用蹲踞式起跑的方式作为准备姿势,当听到开始的口令后,要迅速起跑接着做后蹬跑 20 米,练习 2~3 组,每组练习 2~3 次。练习时,起跑要迅速,并采用正确的后蹬跑技术。

(4)高抬腿接跑:开始做原地高抬腿练习,当听到口令后,快速起跑,向前跑出 10~15 米,练习 2~3 组,每组练习 2~3 次。

(5)捆沙腿高抬腿跑:将沙袋分别绑在两腿上,做慢跑练习,当听到口令后,原地做快速高台腿跑练习,持续 20 秒,也可计数进行。在做这种练习时,高抬腿动作要符合技术要求,大腿要高抬到一定的高度。

(6)捆沙腿加速跑:将沙袋分别绑于两腿上,由慢跑开始,在听到口令后,开始做加速跑 20～30 秒,行走返回,练习 3～5 次,也可采用计时的方式进行练习。

(二)动作速度的提高

(1)连续蛙跳:采用与立定跳远相同的起跳与腾空动作,双脚起跳和落地,并重复进行(图 7-11)。

图 7-11

(2)抱头旋转:两手交叉放于脑后,使身体前倾,并保持与地面平行、低头。身体快速旋转 1～15 秒,接着沿着直线走 8～10 米(图 7-12)。

图 7-12

(3)快速两头起:仰卧在垫子上,使身体充分伸展,两手臂贴在头的两侧并伸直。利用腹部肌群的力量快速躯体,以使手与脚在空中接触(图 7-13)。

图 7-13

(4)快速背肌转体:身体伸展俯卧在山羊上,腿部固定在肋木上或者由同伴帮助固定,上体下屈。双手交叉贴在头后,快速伸展身体至水平位置转体。身体左右方向重复进行练习(图 7-14)。

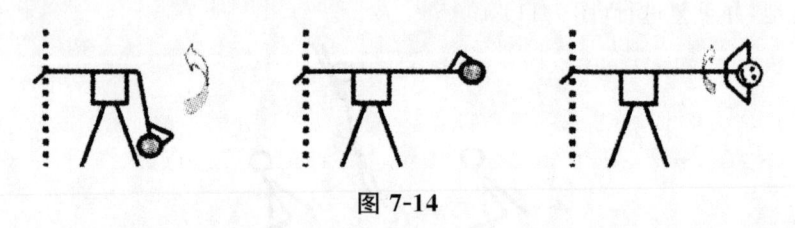

图 7-14

(5)跳起转体接实心球:采用轻实心球,背对着接球的方向,两脚左右开立将轻实心球夹住。接着,迅速跳起,用两腿将轻实心球迅速抛入空中,在身体落地后要快速转体将轻实心球接住(图 7-15)。

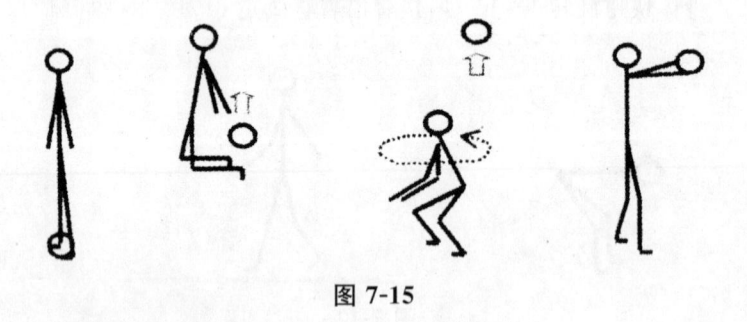

图 7-15

(三)移动速度的提高

(1)后踢腿:从慢跑开始,使摆动腿脚跟去拍击臀部,在膝关节弯曲的过程中向前上方摆动(图 7-16)。

图 7-16

(2) 踝关节小步跑:采用很小的步长快跑,强调脚底肌群的蹬地和踝关节屈伸动作,以脚掌蹬离地面(图 7-17)。

图 7-17

(3) 直腿跑:脚尖翘起,膝关节伸直跑进(图 7-18)。
(4) 跑绳梯:双脚在不同格内落地,尽快跑过每格约 50 厘米间距的绳梯或者小棍(图 7-19)。

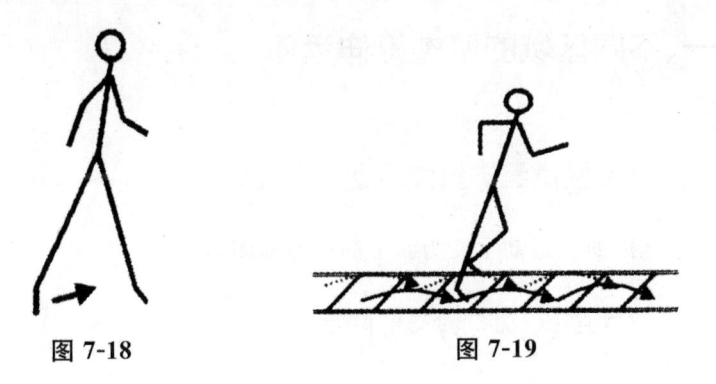

图 7-18　　　　　图 7-19

(5)单腿过栏架跑：以约 1 米的间距摆放 8～10 个约 30～40 厘米高的栏架。在栏架一端支撑腿直膝跑进，摆动腿从栏架上越过(图 7-20)。

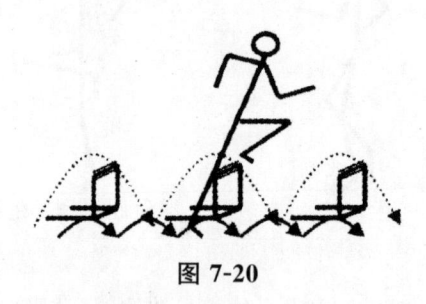

图 7-20

(6)拖轮胎跑：大学生腰部系绳索，拖动一个汽车轮胎跑(图 7-21)。

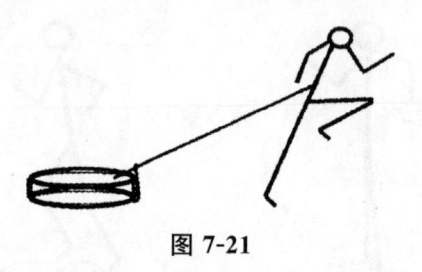

图 7-21

第三节　增加柔韧性的锻炼方略

一、不同区域的肌肉拉伸运动

(一)腰腹区域肌肉拉伸运动

腰腹区的肌肉运动主要为躯干的屈伸和侧屈。

(二)髋大腿区域的肌肉拉伸运动

髋部和大腿的肌肉运动主要为屈伸、内收、外展、内旋和外旋。

(三)肩胸背区域的肌肉拉伸运动

肩胸背部是人体参与活动最多,也是动作相对更为复杂的部分,在练习之前有必要对其解剖结构加以了解。

(四)臂肘腕区域的肌肉拉伸运动

臂肘腕区的肌肉运动,在肘关节主要为屈和伸,在前臂主要为内旋和外旋,在腕关节主要为屈伸、收展和绕环。

二、增加柔韧性的训练方法

(一)颈部、肩部和臂部柔韧素质的增强

1. 仰卧前拉头

屈膝仰卧,双手在头后交叉。呼气,向胸部方向拉头部(图7-22)。

2. 背向压肩

背对墙站立,向后抬起双臂,与肩同高直臂扶墙,手指向上。呼气,屈膝降低肩部高度(图7-23)。

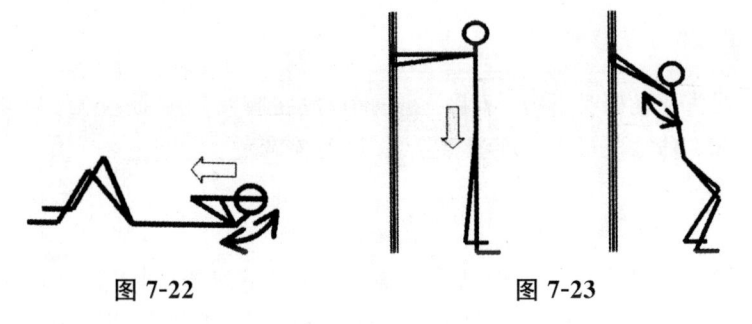

图7-22   图7-23

3. 跪撑侧压腕

双膝和双臂直臂撑地,双手腕部靠拢,手指指向体侧。呼气,身体重心缓慢前、后移动。重复练习(图7-24)。

图 7-24

(二)髋部、臀部和躯干部位柔韧素质的增强

1. 跪立背弓

在垫上跪立,脚尖向后。双手扶在臀上部,形成背弓,臀部肌肉收缩送髋。呼气,加大背弓,头后仰、张口,逐渐把双手滑向脚跟。重复练习(图 7-25)。

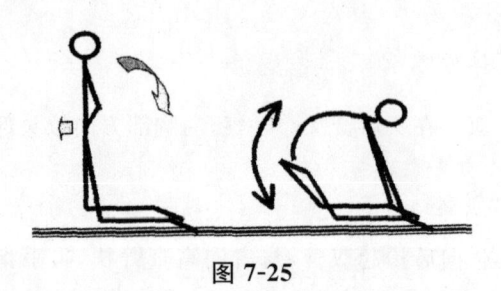

图 7-25

2. 体前屈蹲起

双脚并拢俯身下蹲,双手手指向前,放在脚两侧地面。躯干贴在大腿上部。伸膝至最大限度。重复练习(图 7-26)。

3. 坐立拉背

坐立,双膝微屈,躯干贴在大腿上部,双手抱腿,肘关节在膝关节下面。呼气,上体前倾,双臂从大腿上向前拉背,双脚保持与地面接触(图 7-27)。

图 7-26　　　　　　　　　　图 7-27

4. 跪拉胸

跪在地面,身体前倾,双臂前臂交叉高于头部放在台子上。呼气,下沉头部和胸部,一直到接触地面。重复练习(图 7-28)。

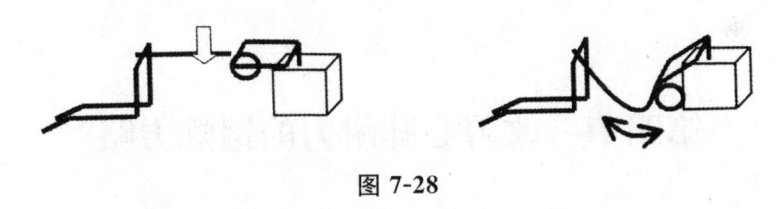

图 7-28

(三)腿部柔韧素质的增强

1. 跪撑后坐

跪在地面,双手撑地,双脚并拢以脚掌支撑。呼气,向后下方移动臀部(图 7-29)。

图 7-29

2. 仰卧拉伸

仰卧,直膝抬起一条腿,固定骨盆成水平姿势。同伴帮助固定地面腿保持直膝,并且帮助继续提腿(图 7-30)。

3. 分腿拉脚

前后分腿,右腿在前屈膝约 90°支撑,左腿在后以膝关节支撑,右手扶地。上体前倾,左手在身后抓住左脚,向臀部方向拉。双腿交替练习(图 7-31)。

图 7-30　　　　　　　图 7-31

第四节　改善心肺耐力的锻炼方略

一、改善心肺耐力应遵循的锻炼原则

要改善大学生的心肺耐力,需要遵循一定的锻炼原则,具体有以下几点:

(一)从实战出发原则

要从大学生自身的实际情况为出发点,将所要参与的运动项目的实战要素和训练要素之间建立起和谐的关系,从而保证大学生心肺耐力锻炼的效果。

(二)适宜时机提高专门性原则

大学生通常都需要主修一门体育运动,因此,这就需要根据他们所选择的运动课程,在适宜的时机,来对他们进行专门性训练,从而使他们的专项耐力水平得到提升。

(三)周期性原则

耐力素质的训练和提升并不是一蹴而就的,而是呈现出逐渐提高的特点的,周期性特征显著。这也是大学生耐力素质训练过程中一定要关注的重点。

(四)一致和协调性原则

取得发展耐力运动成绩要素之间的目的一致和相互协调。

(五)针对性和持续性原则

大学生在进行耐力素质训练之前,首先要将训练目的明确下来,然后针对既定的目标,来进行相应的训练,并且还要保证训练的系统性与连贯性。

(六)循序渐进原则

大学生进行耐力素质训练,首先要根据指定的训练目标来将初始的训练负荷确定下来,然后随着训练水平的不断提升,来逐渐增加训练负荷,从而保证训练效果的逐渐提升。

(七)持久训练控制原则

大学生在训练和发展耐力素质的过程中,一定要有全局观,不仅要保证训练过程的持续性和持久性,还要保证训练的高效率,在这方面要有适当的控制,并且这种控制要在大学生耐力训练的整个过程中都有所体现。

二、改善心肺耐力的训练方法

(一)有氧耐力素质的改善

1. 定时走

在场地、公路或其他自然环境中按规定时间做自然走或稍快些自然走。一般走30分钟左右。

2. 5分钟运球跑

篮球场内,以单手或双手交替运球跑动5分钟。要求不间断进行,或要求一定距离。

3. 登山游戏或比赛

在山脚下听口令起动,规定山上终点的标记,可以自选路线登山或规定路线登山,可进行登山比赛或途中安排些游戏,如埋些"地雷",规定各队要找出几个"地雷"后集体到达终点,早者为胜等。

4. 长时间划船、滑雪、滑冰

连续不间断地进行20分钟以上的划船、滑雪及滑冰活动。

(二)无氧耐力素质的改善

1. 间歇接力跑

跑道上,四人成两组,相距200米站立,听口令起跑,每人跑200米交接棒。每人重复8~10次。

2. 综合跑

在跑道上,做向前跑、倒退跑及左右滑步跑,每种方式跑50~100米,每次跑400米,重复3~5组,组间歇3~5分钟,强度为60%~70%。

3. 双脚或两脚交替跳藤圈

两手握藤圈,原地双脚连续跳藤圈或双脚交替连续跳。双脚跳每组50~60次,交替跳每组100次,都做4~5组,组间歇3分钟。强度为50%~60%。

(三)有氧和无氧混合耐力素质的改善

1. 间歇快跑

要求根据大学生实际情况增减和调整训练负荷。以接近100%强度跑完 100 米后,接着慢跑 1 分钟,间歇练习。快慢方式对照组成一组。反复训练 10~30 组。

2. 持续接力

以 100~200 米的全力跑,每组 4~5 人轮流接力。要求注意安全和练习过程中的协调配合。如果大学生人数充足也可以分成若干组进行训练比赛。

3. 力竭重复跑

采用专项比赛距离,或者稍长距离,以 100% 强度全力跑若干次。每次之间充分休息。要求短跑运动可以采用 30 米。中跑运动员可以与采用 800 或者 1 500 米的距离。

(四)肌肉耐力素质的改善

1. 手倒立

独立完成手倒立或对墙做或在帮助下完成。

2. 半蹲静力练习

躯干伸直,屈膝约 90°呈半蹲姿势后静止 30 秒至 1 分钟。每次练习结束要放松肌肉,做些按摩摆腿或放松跑活动。

3. 连续纵跳摸高

在摸高器或篮球架下站立,连续纵跳双手摸高。

4. 跳连环马

10~15 人,间隔 2 米呈纵队,每人俯背拖腿呈"人马",排尾开始连续跳过人马至排头即加入"人马"行列。

5. 连续引体向上或屈臂伸

连续在单杠上做引体向上或双杠上做屈臂伸。每组 20~30 次,4~6 组。

第八章 大学生强身健体之球类运动健身方略

球类运动是大学生强身健体的重要锻炼项目,这类运动在高校开展较为普遍,深受大学生的欢迎与喜爱。球类运动具有重要的健身价值,科学参与球类健身锻炼,有助于提高身体基本活动能力,改善机体器官与系统的机能水平,促进力量、速度、灵敏、耐力、柔韧、平衡、弹跳等身体素质的全面发展。另外,球类运动对培养大学生的意志品质、道德素质、健康心理素质以及社交能力也具有重要意义。总之,球类运动对增强大学生体质、促进大学生健康成长及各方面素质全面均衡发展起到举足轻重的作用。本章主要对大学生球类运动健身方略展开研究,主要涉及大球运动中的篮球、足球,小球运动中的羽毛球及民族传统运动中的毽球共四个典型球类项目,具体分析与研究四个项目的健身功效、技术健身指导以及健身方案,以期为大学生科学参与球类运动锻炼及提高锻炼效果提供理论与方法指导。

第一节 篮球健身

一、篮球技术健身方法指导

(一)移动

1. 起动

两脚开立,屈膝,上体前倾,后脚蹬地,重心适当前移,屈臂前后摆动(图8-1)。

第八章　大学生强身健体之球类运动健身方略

图 8-1

2. 跑

若由右向左变向跑,最后一步时右脚前脚掌蹬地,屈膝,上体稍向左转再前倾;左脚向左前方迅速移动,右脚紧跟(图 8-2)。

图 8-2

(二)传球

以双手胸前传球为例,十指分开,拇指呈八字形,持球于胸腹之间,目视传球方向,后脚蹬地,重心前移,两手迅速伸向传球方向,拇指下压球,屈腕,食指和中指用力拨球(图 8-3)。

图 8-3

(三)接球

以双手接球为例。目视来球,手臂主动迎球,手触球后顺势屈臂后引,持球于胸腹之间(图 8-4)。

图 8-4

(四)运球

1. 高运球

屈膝,屈臂随球上下摆动,上体向前,手拍球的上方,使球落在身体侧前方(图 8-5)。

图 8-5

2. 低运球

屈膝,重心下移,上体前倾,右手短促拍球,球反弹后高度不超过膝关节,注意保护好球(图 8-6)。

图 8-6

3. 转身运球

运球中若对手在右路堵截,左脚跨出做中枢脚,右手按在球的前上方,右脚蹬地,同时,身体向后转,顺势把球带到体侧后,左手继续拍球(图 8-7)。

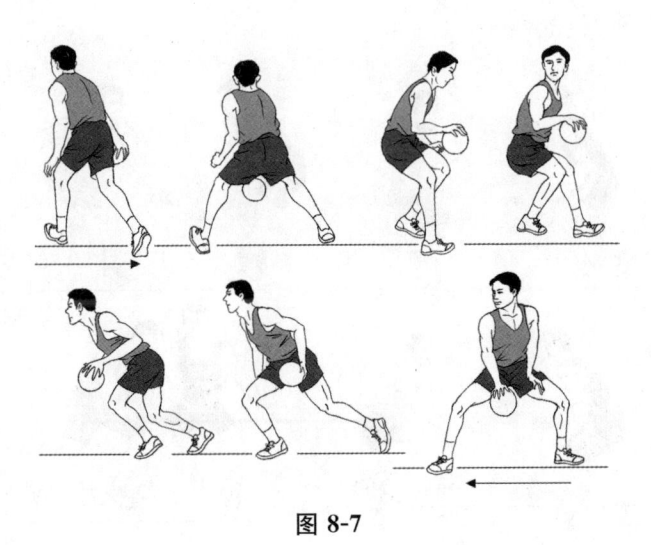

图 8-7

4. 背后运球

右手运球,向左侧变向时,右脚在前,将球引向身体右侧后,右手迅速转腕拍按球,球到身体左前方后,换左手运球,后脚蹬地向前突破(图 8-8)。

图 8-8

5. 体前变向变速运球

从对方右手突破时,先朝防守左侧做变向球假动作,引诱对手左移,然后迅速按拍球的右后上方,使球反弹到身体左前方,右脚向左前方跨步,上体向左移,侧肩挡住对手,换左手继续运球前进,后脚蹬地突破(图 8-9)。

图 8-9

(五)防守

以抢球为例,防守者在持球者注意力分散时迅速抢球。要快而狠、果断抢球,控球后,利用拧、拉和身体扭转力量迅速收球,完成夺球(图 8-10)。

图 8-10

(六)投篮

1. 原地单手投篮

双脚开立,屈肘,手腕后仰,掌心向上,持球于右眼前上方,左手扶在球侧,稍屈膝,上体前倾,放松,目视篮点。投篮时下肢蹬伸,手腕前屈,用指端拨球,食指和中指柔和地将球投出,自然跟进,注意动作保留(图 8-11)。

2. 以原地跳起右手投篮

双脚分开,屈肘,手腕后仰,掌心朝上,五指分开,左手扶在球侧,稍屈膝,上体稍向后倾斜,目视篮点。投篮时,下肢蹬伸,腰腹部伸展,前臂伸直,手腕前屈,利用手指弹拨球,最后食指与中指发力投球,右臂自然跟进(图 8-12)。

图 8-11

图 8-12

二、篮球健身方案

(一)基本内容

1. 练习内容

篮球健身活动的练习内容主要包括传接球、运球、防守、投篮等各项篮球技术。篮球练习内容要符合大学生的身心特征,满足大学生的兴趣爱好,要能调动大学生的参与兴趣。

2. 练习方法

在篮球健身练习中,下面三种练习方法运用比较多:
(1)持续练习:可以锻炼耐力素质。
(2)循环练习:合理搭配大、中、小不同运动强度,促进有氧功能能力

第八章　大学生强身健体之球类运动健身方略

的提升及力量耐力性的改善。

(3)比赛练习:在篮球运动竞赛规则下组织篮球比赛活动,可适当简化规则,以满足现实需要。这种练习方式对调动大学生的积极性具有重要意义。

3. 组织形式

篮球锻炼的常见组织形式有单人练习、分组练习以及小组间对抗赛练习等。

在篮球健身练习方法和组织形式的设计与选用中,要注意方法与形式的多样性,以提高大学生的积极性。对于各项方法和组织形式,要按照有氧健身的要求明确练习强度与时间,着重培养大学生的有氧耐力素质。

4. 练习强度

大学生参与篮球锻炼,只有运动量适宜,机体才会产生积极的适应性反应,而运动量过大或过小,锻炼效果都不理想。因此在篮球运动锻炼中要注意对运动量、运动强度的合理把控。从运动健身的一般规律来看,运动时心率小于 110 次/分时,运动强度小,健身效果弱,运动时心率为 140 次/分时,能够取得明显的健身效果;健身效果最好时对应的运动心率是 150 次/分,超过这个最佳心率时,即使没有不良反应,健身效果也不会更好。根据这一规律,通过运动心率而把握运动强度时,将 130~150 次/分作为适宜的运动心率范围。在健身过程中要通过心率指标和自我感觉对运动负荷进行监控与评价,并合理安排活动密度与间歇时间。

5. 练习时间

篮球健身锻炼中,每次持续时间控制在 1 小时左右,锻炼频率为每周 3~4 次。这样安排锻炼频率与每次锻炼时间,既安全,又能取得较好的锻炼效果。

需要注意的是,大学生参与篮球锻炼活动,首先以强身健体为主,在锻炼的初级阶段对技能、技巧不要刻意去追求,待体质增强,身体活动能力提高后,再追求高水平的技能和各种技巧。

(二)注意事项

1. 做好准备活动

篮球运动对膝盖有一定的刺激,在锻炼过程中要做很多屈膝、跳跃动作,如果用力不当,容易伤害膝关节。为了预防在篮球锻炼中发生膝关节损伤,有必要在锻炼前做好准备活动,尤其是膝关节等易伤部位的准备活动,以强化易伤部位的肌肉力量、关节功能。充分的准备还能使大学生中枢神经系统的兴奋性得到强化,使身体器官功能水平得到提升,也有助于调整心理状态,从而使身体和心理更快地适应运动状态和进入工作状态。

2. 选择适宜场地

篮球运动是需要参与者不断移动与跑动的项目,大学生如果在移动中不慎摔倒,很容易发生损伤。而移动中摔倒可能与场地因素有关,摔倒后的损伤程度与场地因素也有直接的关系,所以选择适宜的篮球运动场地至关重要。地面凹凸不平、太糙或光滑的场地都不适合打篮球。在地面平整、没有障碍物的场地上打球相对安全一些。

3. 循序渐进地锻炼

大学生参与篮球健身活动,要根据自己的身体情况、运动水平来安排练习量、练习强度以及练习难度,要遵循渐进地增加运动量,提高运动强度以及加大难度,逐步提高锻炼效果。

第二节　足球健身

一、足球技术健身方法指导

(一)传球

传球是展开整体协作与配合的基本技术,攻守双方都要通过传球来展开对抗。传球时注意尽快完成传球动作,灵活传球,并隐蔽传球意图。

第八章　大学生强身健体之球类运动健身方略

(二)接球

1. 脚内侧接球

以右脚接球为例。

(1)接空中球

右脚脚尖翘起,右脚内侧触球后下压,使球落在脚前(图8-13)。

图 8-13

(2)接地滚球

右腿屈膝,右脚稍抬触球后着地,并稍向上提,使球向身体侧对方向缓缓滚进(图8-14)。

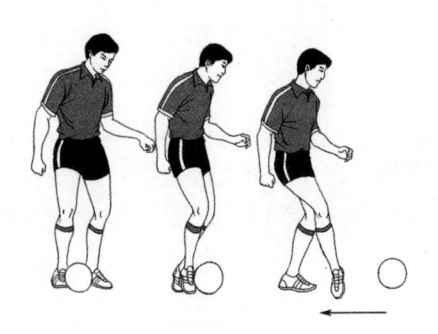

图 8-14

(3)接反弹球

右脚抬起,脚内侧触球的同时稍下压,使球落在脚前(图8-15)。

图 8-15

2. 脚背正面接球

以右脚接球为例。左脚支撑重心,右脚上抬接球,脚背触球后,右腿收回(图 8-16)。

图 8-16

(二)运球

以运球过人为例。进攻队员逼近防守者,注意保护与控制球。过人时重心下移,用假动作诱引对方移动,然后迅速摆脱防守向目标方向移动(图 8-17)。

(三)踢球

1. 脚内侧踢球

以右脚踢空中球为例。快速移动,右腿抬起,小腿向后摆动,以脚内侧踢球的中部(图 8-18)。

图 8-17

图 8-18

2. 脚背内侧踢球

以右脚踢定位球为例。右腿屈膝,小腿前摆,脚尖对准目标方向,以脚背内侧踢球的后中部(图 8-19)。

(四)头顶球

1. 原地顶球

稍屈膝,两臂屈肘张开,来球接近身体时,快速向前摆体,用前额正面顶球(图 8-20)。

图 8-19

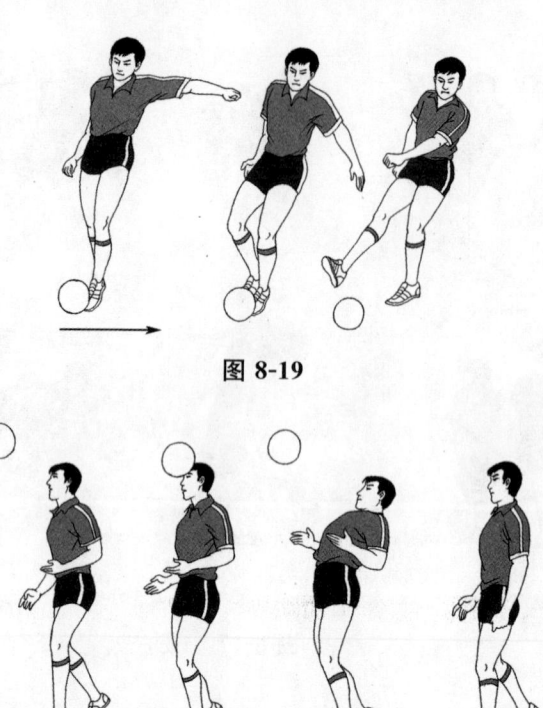

图 8-20

2. 原地跳起顶球

双腿屈膝同时起跳,两臂前摆,挺胸展腹,两臂张开,来球接近身体时,收腹,上体前摆用前额正面顶球。屈膝落地,保持平衡(图 8-21)。

图 8-21

3. 鱼跃头顶球

面向来球,双脚用力前蹬,水平跃出,两臂向前伸展,用前额正面顶球(图8-22)。

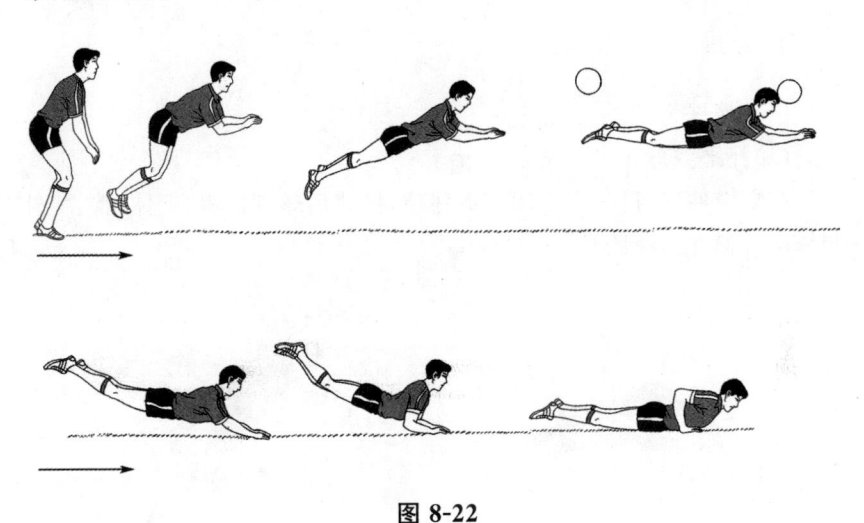

图 8-22

(五)守门

1. 准备姿势

两脚开立,两腿屈膝内扣,右脚跟稍抬,用前脚掌支撑重心,上体稍前倾。两臂在体侧屈肘,双手十指自然张开,掌心相对,目视来球(图8-23)。

图 8-23

2. 移动

为了堵截对方的传球和射门,必须根据对方射门前球和人的位置变化而调整自己的位置,通过侧滑步、交叉步而左右移动。

3. 接球

以扑接球为例。

(1)扑平空球

在空中伸展身体,手指用力抓住球,接球后球、肘、肩、上体、臀、腿外侧依次着地并迅速团身(图8-24)。

图 8-24

(2)扑侧面球

异侧脚用力蹬地,双手快速向侧面伸出,一手置于球后,另一手置于球的侧后上方。同时,身体向同侧脚方向倒地,落地后即团身(图8-25)。

图 8-25

第八章　大学生强身健体之球类运动健身方略

4. 托球

准确预判来球轨迹,然后向后跃起,靠进球一侧的手臂向后充分伸展,五指微张,以前掌托球(图8-26)。

图 8-26

二、足球健身方案

(一)基本内容

竞技运动大都起源于民间游戏,随着其不断发展和竞争因素的融入,游戏规则逐渐被打破或改变,形成了更加严格、系统和复杂的竞赛规则,这是竞技体育的一个基本发展规律。但不管是什么竞技项目,不管发展到什么程度,都应该保留游戏本质,这是竞技体育的一种"回归式"发展。保留游戏性质的体育运动更能够吸引大众参与,我们应该允许竞技体育同时存在大众化和竞技化性质。对竞技体育的游戏本质和大众化因素予以挖掘,对竞赛规则适当简化,让体育运动走进人们的生活,可以丰富大众健身锻炼内容与手段。足球运动同样可以走这条发展道路,挖掘足球运动的健身价值和娱乐价值,能够吸引广大高校学生积极参与其中。图8-27是足球运动健身化、娱乐化的改革思路。

图 8-27 所示的足球运动健身娱乐化形式中包含了一些足球练习的形式，如变化游戏形式的非对抗式练习、对抗式练习；减少参与人数的三人制练习、五人制练习；与其他项目结合的混合项目练习等。丰富多样的练习形式大大提高了大学生的参与兴趣。

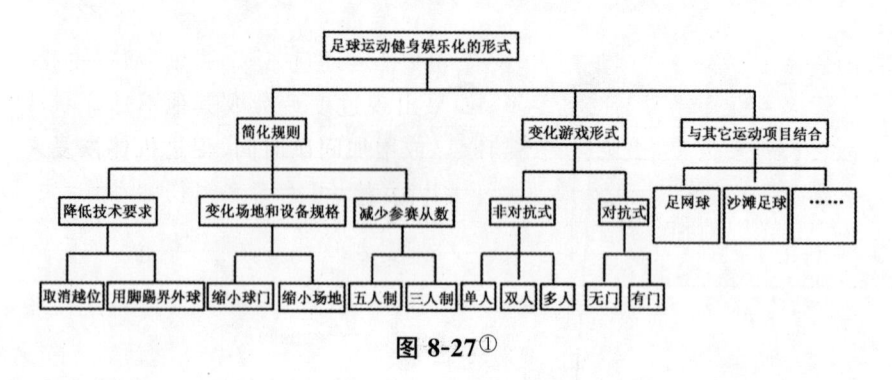

图 8-27[①]

大学生参与足球健身锻炼，适宜的运动强度为心率 120~140 次/分；每次持续锻炼时间控制在 1 小时左右；锻炼频率以每周锻炼 3 次为宜。为获得良好的锻炼效果，建议长期锻炼，养成良好的足球锻炼习惯。

(二)注意事项

1. 做好准备活动

足球运动相对比较剧烈，为了快速进入运动状态，预防运动损伤。在正式开始运动前要先做好必要的准备活动。一般根据正式活动的内容、运动强度以及锻炼目的来确定准备活动的内容。准备活动既要包括一般性的活动，也要结合足球运动的特点进行专项活动。

大学生要了解足球运动中的易伤部位及常见损伤，然后在准备活动中重点加强易伤肌肉、关节及韧带的练习，促进易伤部位功能的提升，以有效预防损伤。例如，通过腰背肌、腹肌力量练习来预防腰肌劳损；通过"站桩"练习促进股四头肌力量的增强，预防髌骨劳损。这些都是预防运动损伤积极有效的方式。

---

① 马恒飞,王千. 足球运动健身化[J]. 体育科技文献通报,2008(01):72-73+76.

准备活动应该是一整套的,应该包含基本的力量练习和伸展练习,先易后难,循序渐进完成一套准备活动,逐步提高身体的适应能力,调整身心状态,从而在正式活动中取得良好的效果。

2. 合理调整运动负荷

在足球健身锻炼过程中,要合理安排运动量、运动强度,通过自我感觉来判断运动负荷是否适宜,如果出现过度疲劳或其他不适症状,就要有所警觉,尽快调整,安排休息,或增加间歇时间,促进机体恢复。大学生不必苛求自己完成一些难度较大的、可能带来损伤的动作,先保守锻炼,然后逐渐增加负荷与难度,在强身健体的基础上追求技能和技巧。

3. 加强自我保护

大学生不管参与什么类型的健身运动,都要树立自我保护意识,掌握基本的自我保护技巧。例如,当重心不稳时,迅速向前或向后跨一步,寻找平衡感;运球过快感觉要摔倒时,为避免摔倒时手臂撑地而造成严重损伤,应迅速含胸低头,屈肘团身,肩背部先着地,这样摔倒滚翻造成的损伤程度小一些;起跳完成头顶球动作后,落地时前脚掌先着地,同时屈膝缓冲,减少冲击,保护膝盖。

第三节 羽毛球健身

一、羽毛球技术健身方法指导

(一)发球

以正手发网前球为例。右手持拍,手放松,前臂向前摆,手指发力控制球拍,击球时,手腕发力,用斜拍面向对方前发球区内击球(图 8-28)。

1　　　　2　　　　3　　　　4　　　　5

图 8-28

(二)接发球

以前场正手接发球为例。

1. 接发球勾对角小球

手腕内旋,拇指、食指发力转动拍柄击球,使球落在对方网前斜对角。

2. 接发球挑球

击球点低一些,拍面仰角与地面呈钝角,前臂内旋,拇指、食指发力握紧拍柄,手腕伸展奋力击球。

(三)网前击球

以网前正手推球为例。

根据判断移动到位,右手平举球拍。准备推球时,前臂外旋,拍面与来球相对。正式推球时,将拍面后移,闪腕,握紧拍柄快速击球(图 8-29)。

(四)中场击球

以正手平抽球为例。

根据判断及时向目标方位移动,与球网侧对,上体向右侧稍倾,右脚支撑体重,击球时,手腕在前臂的带动下抽压,抖动挥球拍(图 8-30)。

图 8-29

图 8-30

(五)后场击球

以正手击高远球为例。

准确判断来球,迅速移动到位,站在球下落的左下方,侧身左肩对网,右脚支撑重心,右手将球拍举到右肩上方,左手高举,待球下落时,放松握拍,击球时,蹬地、转体收腹,大臂带动小臂向前上方甩腕,在高点击球。击球后,手臂随挥并收拍至体前,迅速还原(图 8-31)。

图 8-31

二、羽毛球健身方案

(一)基本内容

1. 运动强度

适宜锻炼强度为心率 130~150 次/分。

2. 运动时间

一般一周锻炼 2~3 次,每次持续 1 小时左右。

(二)注意事项

1. 做好准备活动

在羽毛球健身锻炼的热身活动中,要重点做好以下几个部位的准备活动:

(1)肩关节准备活动

肩关节是否能充分伸展,是否灵活,直接影响引拍动作质量。因此要做好肩部的准备活动。练习时,击球手抬起越过肩部伸向后背,在背

第八章　大学生强身健体之球类运动健身方略

后尽可能伸展,肘部朝上,侧身靠墙压墙壁,借助墙壁的力量伸展肩部。

(2)腰部准备活动

腰部伤病在羽毛球运动中比较常见。为预防运动伤病,应做好腰部的准备活动。练习时,两脚开立,双手反托在腰后,反复做向前俯身、身体后仰、左右转体、腰回环的动作,幅度从小到大。

(3)下肢准备活动

拉压脚跟腱,逐渐增加力量,弧度不宜过大,拉到最大程度时保持片刻,然后揉捏、抖动小腿,以达到放松的效果。

2. 实事求是

大学生根据自己的体质、运动基础、实际水平来安排运动量和运动强度,不能逞强,要实事求是,循序渐进。

第四节　毽球健身

一、毽球技术健身方法指导

(一)发球

以正面脚背发球为例。

双脚开立,左手轻抛球,重心前移,右踝绷直,抬大腿、踢小腿,在离地面20厘米高度击球。脚的击球部位应在脚背正面食趾的跖趾关节处(图8-32)。

(二)传接球

1. 膝盖传接球

一腿支撑重心,另一腿屈膝上提,插于来球下方,在球距离膝关节10厘米时接球,使球落于身前(图8-33)。

图 8-32 　　　　　　　　图 8-33

2. 肩部传接球

当来球到达肩侧时,屈膝,重心下移,快速沉肩插到球下方。在垫球瞬间,蹬伸腿、耸肩,力求将球垫落在身前(图 8-34)。

3. 胸部传接球

如果来球偏低,屈膝接球,如果来球偏高,跳起接球。击球时,两臂微屈,挺胸、伸膝,使球小弧度下落(图 8-35)。

图 8-34 　　　　　　　　图 8-35

4. 头部传接球

以助跑起跳前额正面传接球为例。

直线助跑 2~3 步,双脚起跳,身体腾空,上体后仰,张开两臂,目视来球。在击球瞬间,快速收腹,上体前屈,用前额顶球(图 8-36)。

第八章　大学生强身健体之球类运动健身方略

图 8-36

(三)攻球

以里合脚背倒勾攻球为例。

背对球网,微屈膝,判断二传来球,调整身体姿势。充分助跑起跳,手臂和下肢协调有力地摆动,做好准备。起跳腾空后,摆动腿膝关节外展,向左转体,击球腿由外向内里合摆腿。击球时,膝关节迅速发力,踝关节勾踢球。击球后摆动腿先落地。

(四)拦网

以移动拦网为例。

两膝微屈,收腹,上体前倾,把握好起跳时机,对方攻球时,及时移动到位,选好主要封堵线路,用力蹬地起跳,把球拦到对方场地。击球后,自然下落,屈膝缓冲。

二、毽球健身方案

(一)基本内容

毽球健身中,练习内容包括各种踢法,如盘踢、拐踢等。用各种踢法练习毽球技术,可以提高踢球技术的熟练性和技巧性。

在毽球锻炼中,可以单人锻炼,也可以小组锻炼,或者组织踢毽球游戏或比赛,通过游戏练习和比赛练习来调动积极性。

毽球健身中比较合理的运动负荷是心率每分钟不超过110次,可以每天都进行踢毽球练习,锻炼时间因人而异,利用10分钟的课间时间也可以踢毽子。

(二)注意事项

1. 做好准备活动

练习一:两脚并立,身体弯腰前俯,双手扶在膝关节处,屈膝,臀部向脚跟靠近,然后还原,重复多次。

练习二:两脚并立,身体弯腰前俯,双手扶在膝关节处,屈膝,稍抬脚跟,两腿顺时针旋转10次左右,再逆时针重复。

2. 科学锻炼

大学生要循序渐进地参与毽球锻炼活动,根据自己的情况合理安排锻炼时间和方法,逐步增加运动量,由易到难掌握各种踢法。

3. 选择适宜场地

尽可能在平坦的场地踢毽子,活动前先检查场地上是否有玻璃渣子、碎石子等障碍物,以免伤到脚。

第九章　大学生修身塑体之操舞类运动健身方略

大学生正处于青春发育的后期，他们一般都比较注重自己的形象，尤其是女生，为了拥有一个完美的形体，她们通常想方设法去减肥、参加各种活动锻炼等。而健美操、体育舞蹈、瑜伽等操舞类运动项目对于大学生身体形态的改善具有明显的效果。因此，具有修身塑体意愿的大学生可以多参加这一类运动项目的锻炼，以实现自己拥有完美形体的目标。

第一节　健美操健身

一、健美操基本动作与套路健身练习

(一)健美操基本动作练习

1. 胸部动作练习

(1)含展胸练习。直臂或屈臂做内收动作，通常与臂的外展结合进行。

(2)左右移胸练习。两臂侧平举，胸部左右水平移动。

(3)仰卧胸部练习。跪撑在垫上，背伸弓腰、低头呈预备姿势。

(4)跪立挺胸练习。跪坐，上体前屈，两臂前身扶地呈预备姿势。为了获得更好的练习效果，练习过程中应该匀速进行，幅度要大。

2. 肩部动作练习

(1)提肩练习。肩胛骨做向上的运动。
(2)沉肩练习。肩胛骨做向下的运动。
(3)绕肩练习。以肩关节为轴做小于360°的运动。
(4)肩绕环练习。以肩关节为轴做360°的圆形运动。

3. 背部动作练习

(1)外展练习。屈臂或直臂做外展动作,通常与臂的内收结合进行。
(2)上举下拉练习。两臂由侧上举下拉至髋侧。

4. 髋部动作练习

(1)提髋练习。两脚自然分开与肩同宽,两臂自然下垂。
(2)顶髋练习。一侧腿支撑并伸直,另一侧腿屈膝内扣,上体保持正直,用力将髋部顶出。为了获得更好的练习效果,练习过程中应该两脚自然分开与肩同宽,两臂自然下垂;动作幅度大。
(3)摆髋练习。两腿微屈并拢,髋部向左、右摆动,有一定的腰部动作的配合。直立,双臂自然下垂。
(4)绕髋和髋绕环练习。两脚自然分开与肩同宽,两臂侧举。

(二)健美操套路练习

下面以全国健美操大众锻炼标准第三套健美操二级套路练习为例,讲解健美操的套路动作练习。受篇幅所限,这里主要阐述两个套路组合练习。

1. 健美操套路动作组合一

(1)第一个八拍(图9-1)
预备姿势:直立。
1~4拍:
上肢动作:右手握拳、右臂侧举;左手握拳、左臂侧举;双手分掌、双臂上举;双手握拳、双臂下举。
下肢步伐:右脚十字步。

5～8拍：

上肢动作：屈臂自然摆动。

下肢步伐：向后走四步。

1　　2　　3　　4　　5　　6　　7　　8

图 9-1

(2) 第二个八拍

动作与第一个八拍相同，但是向前走4步。

(3) 第三个八拍(图 9-2)

1～6拍：

上肢动作：1～2 右手分掌，手臂前举；腿分立，双手叉腰；4～5 左手分掌，手臂前举；双手握拳，双臂交叉，腿呈弓步。

下肢步伐：右脚开始6拍漫步。

7～8拍：

上肢动作：双手分掌，双臂侧后下举。

下肢步伐：右脚向后1/2漫步。

1~2　　　3　　　4~5　　　6　　　7~8

图 9-2

(4)第四个八拍(图9-3)

1~2拍：

上肢动作：右手握拳，屈右臂自然摆动。

下肢步伐：右脚向右并步跳。

3~8拍：

上肢动作：3~4双手握拳，前平举弹动2次，5~6双手握拳，侧平举，7~8后斜下举。

下肢步伐：左脚向右前方做前、侧、后6拍漫步。

图 9-3

(5)第五至八个八拍

第五至八个八拍与之前的动作相同，只是方向相反。

2. 健美操套路动作组合二

(1)第一个八拍(图9-4)

1~2拍：

上肢动作：右臂侧上举，左臂侧平举，手部呈合掌。

下肢步伐：右脚向右侧滑步。

3~4拍：

上肢动作：双臂屈臂后摆，双手叉腰。

下肢步伐：1/2后漫步。

5~6拍：

上肢动作：每拍击掌3次。

下肢步伐：左脚向前方做并步。

7~8拍：

上肢动作：双手叉腰。

下肢步伐：右脚向右后做并步。

1-2　　3-4　　5　　6　　7　　8

图 9-4

(2)第二个八拍(图 9-5)

1~2 拍：

上肢动作：每拍击掌 3 次。

下肢步伐：左脚向左后方并步。

3~4 拍：

上肢动作：双手叉腰。

下肢步伐：右脚向右后做并步。

5~6 拍：

上肢动作：左臂侧上举，右臂侧平举，手部呈合掌。

下肢步伐：左脚向前左侧滑步。

7~8 拍：

上肢动作：双臂屈臂后摆。

下肢步伐：1/2 后漫步。

1　　2　　3　　4　　5-6　　7-8

图 9-5

(3)第三个八拍(图9-6)

1~4拍：

上肢动作：双手握拳，拳心向下，双臂向前、向后下冲拳2次。

下肢步伐：向右转体90°，右脚上步吸腿2次。

5~8拍：

上肢动作：双手分掌，双臂向右向左水平摆动。

下肢步伐：左脚V字步左转90°。

图 9-6

(4)第四个八拍(图9-7)

1~4拍：

上肢动作：双手握拳、双臂胸前平屈；左手合掌、左臂向上举起；双手握拳、双臂胸前平屈；双臂自然垂下，双腿合立。

下肢步伐：左腿吸腿(侧点地)2次。

5~8拍：

上肢动作：双手握拳、双臂胸前平屈；右手合掌、右臂向上举起；双手握拳、双臂胸前平屈；双臂自然垂下，双腿合立。

下肢步伐：左腿吸腿(侧点地)2次。

图 9-7

(5) 第五至八个八拍

第五至八个八拍与之前的动作相同，只是方向相反。

二、花球啦啦操健身练习

花球啦啦操，顾名思义，就是指手持花球完成的啦啦操。成套动作应手持花球，并结合啦啦操基本手位、个性舞蹈、难度动作、舞蹈技巧等动作元素，体现干净、精准的运动舞蹈特征以及良好的花球技术运用，展示整齐一致、队形不断变换等集体动作的视觉效果。

(一)组合一

1. 第一个八拍(图9-8)

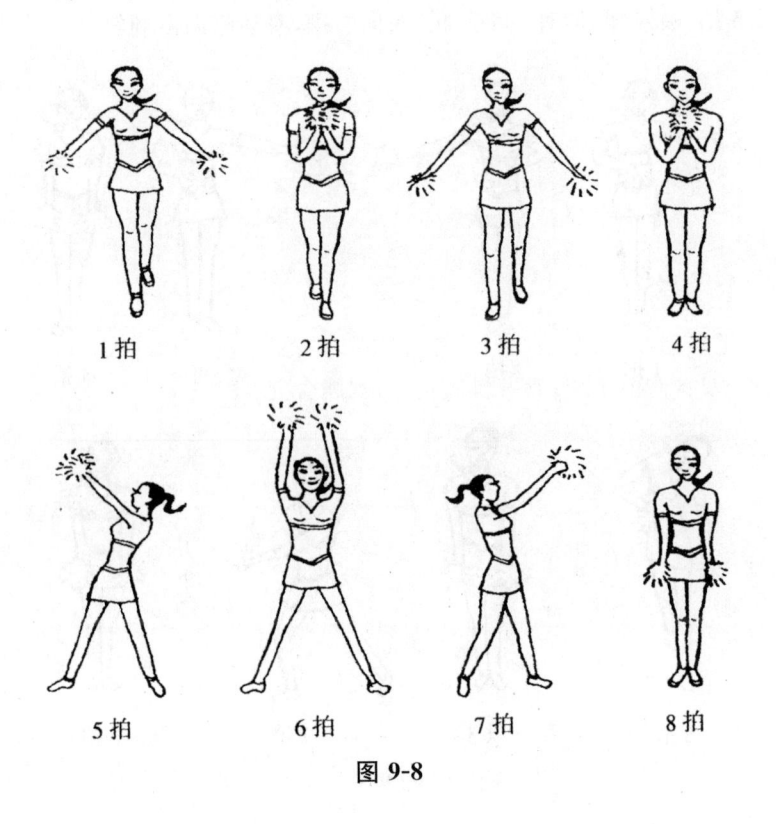

图9-8

1拍:从右脚开始,向前走,同时双臂斜下摆。

2拍:左脚在前,同时胸前击掌。

3拍:同1拍。

4拍:并脚,胸前击掌。

5拍:右脚向右一步,同时双手直臂向右斜上方摆。6拍双手向上摆。

7拍:双手向左斜上方摆。

8拍:收右脚,还原。

2. 第二个八拍(图9-9)

1拍:双臂向右摆,右臂伸直,左臂屈。

2拍:双臂向左摆,左臂伸直,右臂屈。

3拍:同1拍。

4拍:还原。

5拍:吸左腿,同时左手叉腰,头向右摆,身体略向右倾斜。

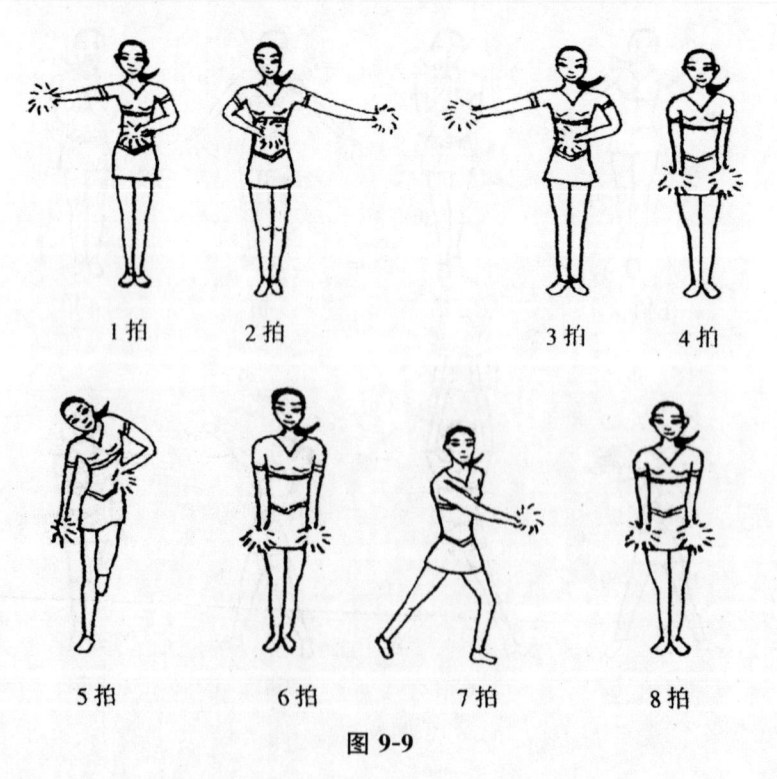

图9-9

6拍:还原。

7拍:左脚向左一步,同时右臂向左斜前方摆。

8拍:收左脚还原。

3. 第三个八拍(图 9-10)、第四个八拍(图 9-11)

第三个八拍、第四个八拍同第一个八拍、第二个八拍,唯方向相反。

(二)组合二

1. 第一个八拍(图 9-12)

1~2拍:右脚向右一步,左手叉腰,同时右臂向左斜上举。

3~4拍:左手叉腰,右手肩前屈。

5~7拍:右手直臂经身体左侧至前向右摆,头部随手臂同时摆动。

8拍:收右脚还原。

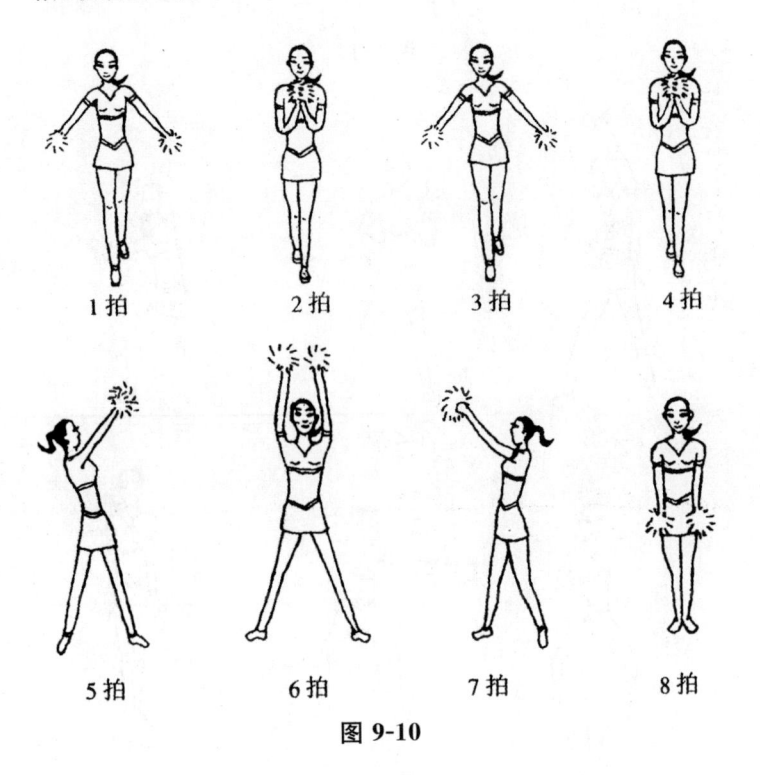

1拍　　　2拍　　　3拍　　　4拍

5拍　　　6拍　　　7拍　　　8拍

图 9-10

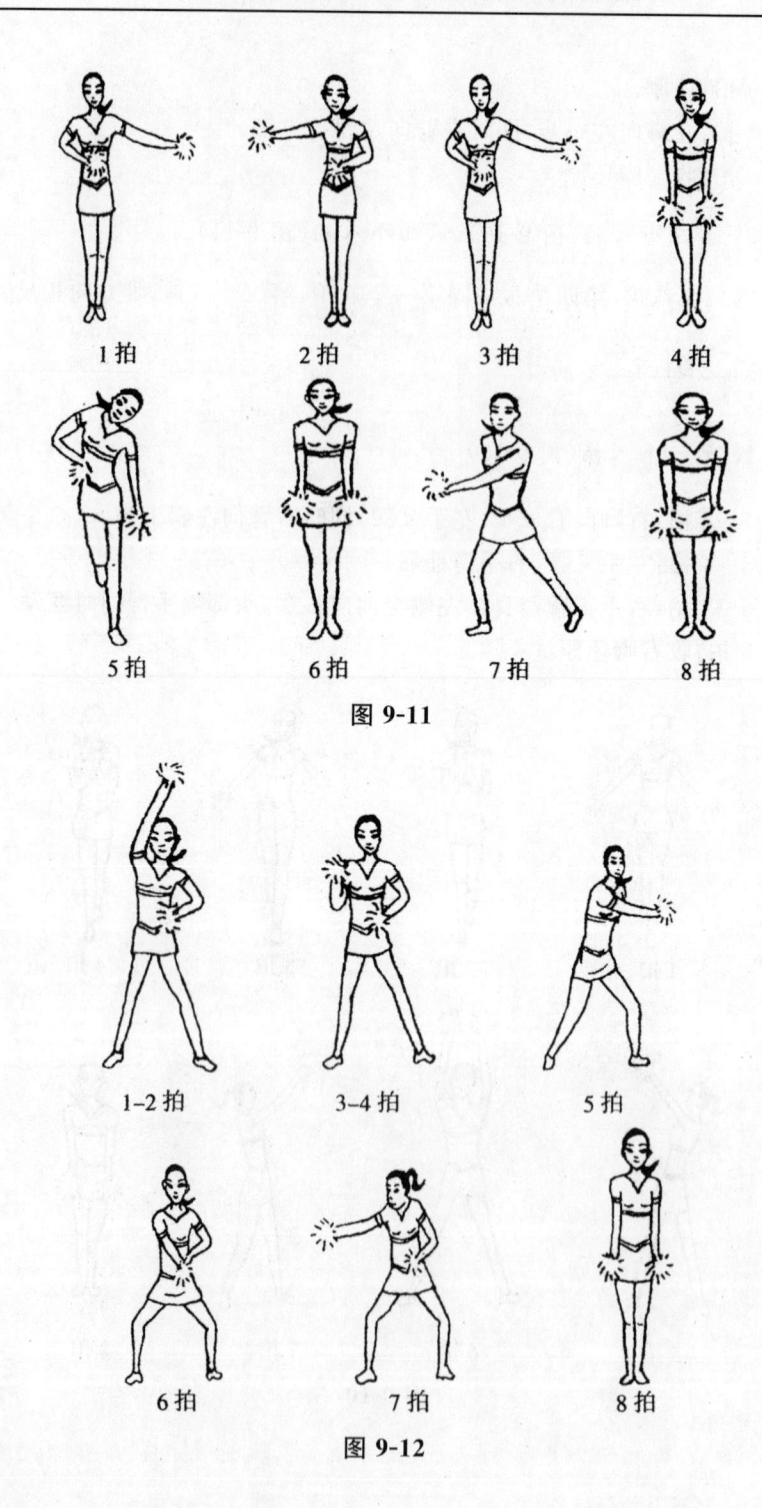

大学生体质健康干预与科学健身方略研究

1拍　　　2拍　　　3拍　　　4拍

5拍　　　6拍　　　7拍　　　8拍

图 9-11

1-2拍　　　3-4拍　　　5拍

6拍　　　7拍　　　8拍

图 9-12

· 210 ·

2. 第二个八拍(图 9-13)

1~2拍:身体经左向后转,左脚后退一步呈左脚在前的弓步,双臂胸前屈。

3~4拍:身体经右转回来,双臂斜上举。

5~6拍:收左腿,屈膝蹲,双手扶膝,低头含胸。

7~8拍:还原。

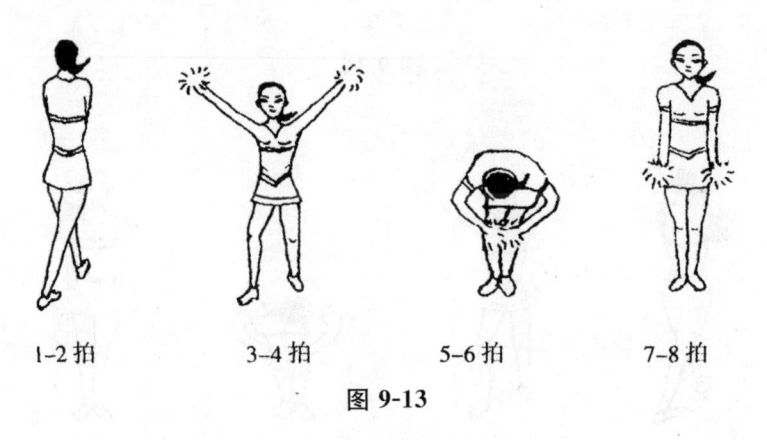

1-2拍　　　　3-4拍　　　　5-6拍　　　　7-8拍

图 9-13

3. 第三个八拍(图 9-14)、第四个八拍(图 9-15)

1-2拍　　　　3-4拍　　　　5拍

    6拍   7拍   8拍

图 9-14

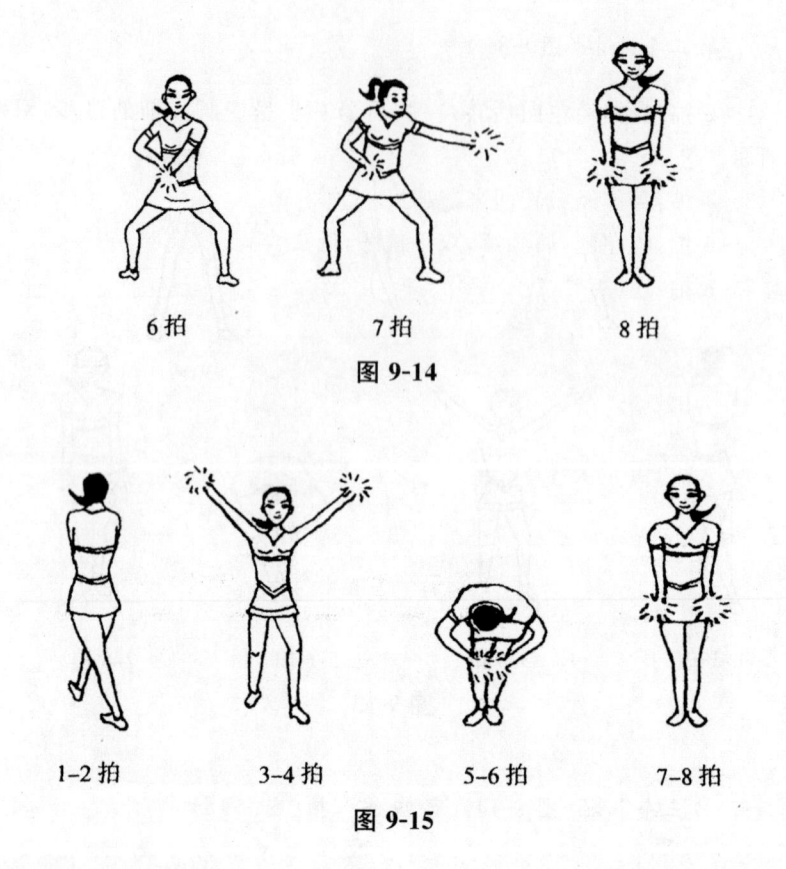

   1-2拍   3-4拍   5-6拍   7-8拍

图 9-15

第三个八拍、第四个八拍同第一个八拍、第二个八拍,唯方向相反。

(三)组合三

1. 第一个八拍(图 9-16)

1拍:左脚向左一步,手臂打开呈斜线位并做依次大绕环。
2拍:右脚后退一步于左脚后边,双臂绕至侧平举。
3拍:左脚向左一步呈开立,双臂绕至上下举。
4拍:右脚并左脚,双臂胸前屈。
5~6拍:左脚向左一步呈弓步,同时,双臂左侧冲拳成左 K 位。
7~8拍:收右脚还原。

1拍　　　2拍　　　3拍

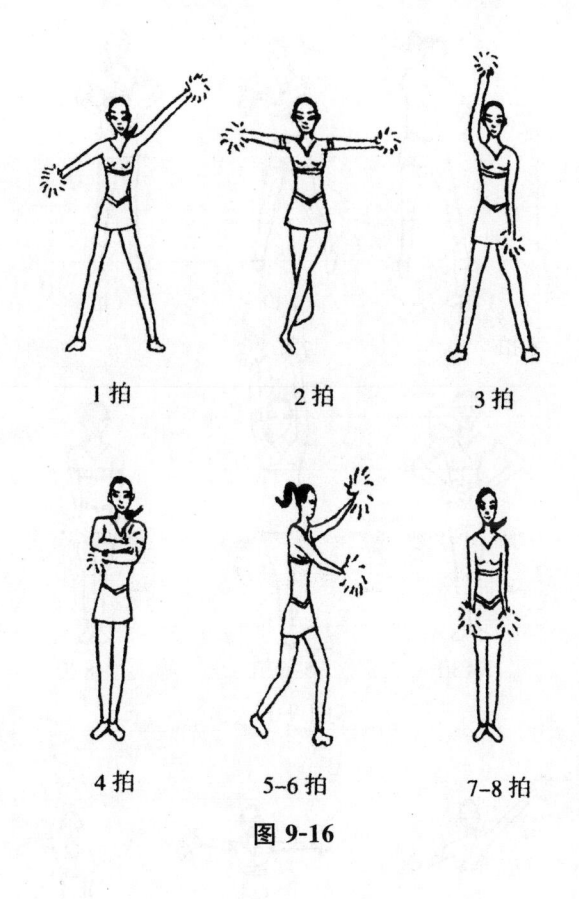

4拍　　　5-6拍　　　7-8拍

图 9-16

2. 第二个八拍(图 9-17)

1拍:右脚向右一步,双臂右胸前绕,面向右看。
2拍:双臂左胸前绕,面向左看。
3拍:两腿开立,双手叉腰。4拍两腿收回,双手叉腰。
5~6拍:右脚向后退一步呈左腿在前的弓步,双臂向上冲拳。
7~8拍:右脚还原。

3. 第三个八拍(图 9-18)、第四个八拍(图 9-19)

第三个八拍、第四个八拍同第一个八拍、第二个八拍,唯方向相反。

1拍　　　2拍　　　3拍

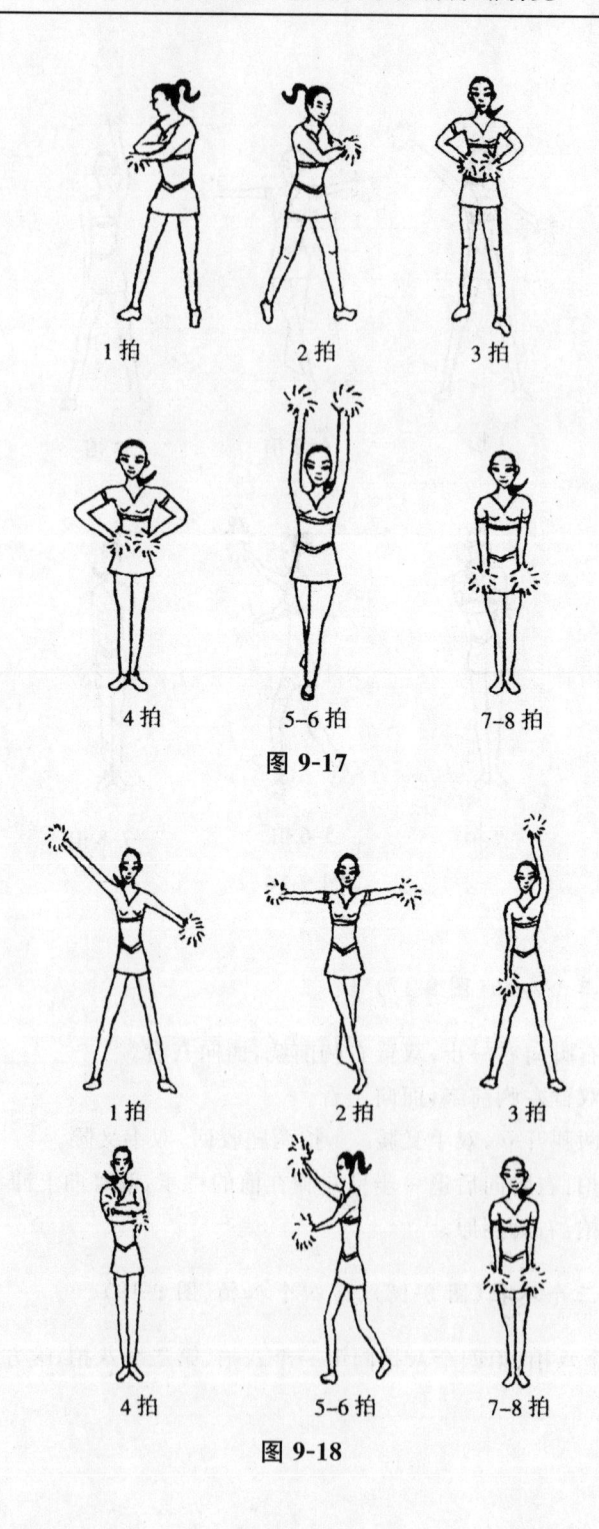

4拍　　　5-6拍　　　7-8拍

图 9-17

1拍　　　2拍　　　3拍

4拍　　　5-6拍　　　7-8拍

图 9-18

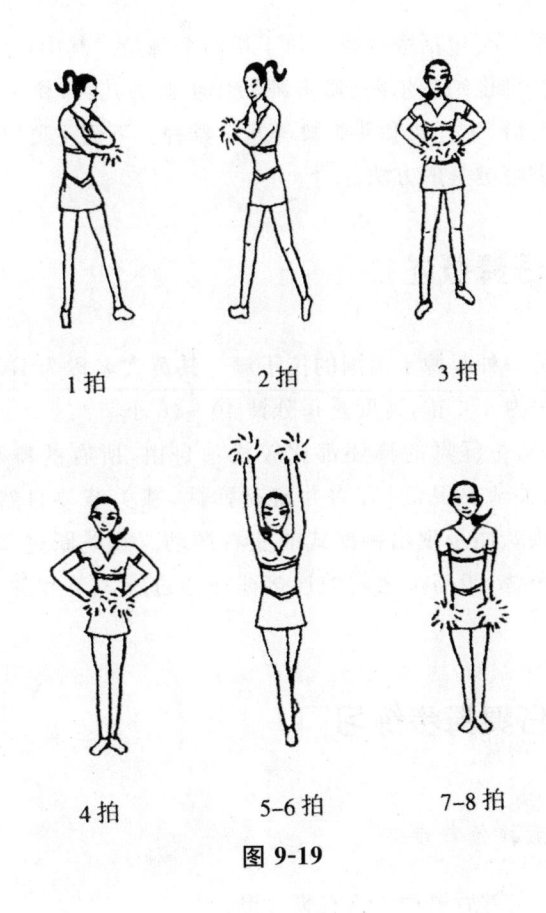

第九章　大学生修身塑体之操舞类运动健身方略

1拍　　2拍　　3拍

4拍　　5-6拍　　7-8拍

图 9-19

第二节　体育舞蹈健身

体育舞蹈是一种由男女双人配合,在界定的音乐和节奏范围内,正确展示和运用身体技术与技巧,包括身体姿势的控制能力,动作力量的表现能力,地板空间的应用能力等能凸显舞蹈质感的动作,并结合艺术表现力来完成的具有规范性和程序性的运动项目。[①]

---

① 李小芬.体育舞蹈运动教程[M].北京:北京体育大学出版社,2015:16.

体育舞蹈主要包括摩登舞与拉丁舞两个舞系。其中,摩登舞又包括探戈、华尔兹、维也纳华尔兹、狐步舞和快步舞等几种;拉丁舞则包括桑巴、伦巴、恰恰恰、牛仔舞和斗牛舞等几个舞种。下面主要以拉丁舞中的牛仔舞为例讲解健身的方法。

一、牛仔舞概述

牛仔舞是一种起源于美国的拉丁舞。其英文名称为 Jive,用 J 来表示。音乐节拍为 4/4 拍,速度是每分钟 40~46 小节。

一般来说,牛仔舞的舞姿都比较松弛自由,所有的舞步都用脚掌进行,因此踝关节要灵活、有力并富有弹性,膝关节要自然屈伸,胯部会随着舞步跳跃而呈现出钟摆式的左右摆动。在跳跃过程中,每一个舞步都要小一些,步与步之间的连接往往通过踝关节和膝关节的弹动来实现。

二、牛仔舞舞步练习

1. 左向右换位舞步

(1)男士:左脚后退;女士:右脚后退。

(2)男士:右脚原地踏一步;女士:左脚原地踏一步。

(3)男士:左脚掌横踏,左手抬起准备带女士转身;女士:右脚前进准备左转。

(4)男士:右脚向左脚半并步,带女士左转;女士:左脚向右脚半并步,准备左转。

(5)男士:左脚横步;女士:右脚为轴,后半拍时快速向左转身,与男士相对。

(6)男士:右脚前进;女士:左脚后退。

(7)男士:左脚向右脚半并步;女士:右脚向左脚半并步。

(8)男士:右脚前进;女士:左脚后退。

第九章　大学生修身塑体之操舞类运动健身方略

2. 鸡行步舞步

(1)男士:左脚后退;女士:右脚前进,脚尖外开。

(2)男士:右脚后退;女士:右脚掌向左拧,左脚前进,脚尖外开。

(3)男士:左脚后退;女士:同第(1)步。

(4)男士:右脚后退;女士:同第(2)步。

(5)男士:左脚后退;女士:同第(1)步。

(6)男士:右脚后退;女士:左脚向男士前进。

3. 停和走

从开式舞姿开始。

(1)男士:左脚后退;女士:右脚后退。

(2)男士:右脚原地踏一步;女士:左脚原地踏一步。

(3)男士:左脚前进,左手抬起,引导女士左转;女士:右脚横步左转。

(4)男士:右脚向左脚半并步;女士:左脚向右脚半并步,继续左转。

(5)男士:左脚前进,带女士转至背对自己,左手放至女士身前,右手放至女士腰部;女士:右脚前进,在后半拍时快速左转,与男士并排呈右肩并肩位。

(6)男士:右脚前进,将女士稍向后带;女士:左脚后退(舞姿形成短暂停顿)。

(7)男士:左脚原地踏一步,左手向上带,右手前送引导女士向前;女士:右脚原地踏一步。

(8)男士:右脚向后退一小步,左手上抬送女士转身;女士:左脚大横步向右转身。

(9)男士:左脚交叉并右脚,带女士继续右转;女士:右脚向左脚半并步,继续右转。

(10)男士:右脚小步后退,恢复开式舞姿;女士:左脚小步后退,旋转完毕。

4. 美式疾转

(1)男士:左脚后退;女士:右脚后退。

(2)男士:右脚原地踏一步;女士:左脚原地踏一步。

(3)男士:左脚进一小步;女士:右脚前进。

(4)男士：右脚向左脚半并步；女士：左脚向右脚后退一小步。

(5)男士：左脚前进，右手腕推女半手，使其在后半拍时旋转；女士：右脚前进，脚掌为轴，在后半拍时快速右转1/2周。

(6)男士：右脚小横步；女士：左脚横步，继续右转1/2周。

(7)男士：左脚向右脚半并步；女士：右脚向左脚半并步。

(8)男士：右脚横步；女士：左脚横步。

5. 连步绕转

(1)男士：左脚后退；女士：右脚后退。

(2)男士：右脚原地踏一步；女士：左脚原地踏一步。

(3)男士：左脚进一小步；女士：右脚进一小步。

(4)男士：右脚向左脚半并步；女士：左脚向旁小横步。

(5)男士：左脚斜前进，与女士合成闭式舞姿；女士：右脚向男士双脚间前进，合成闭式舞姿。

(6)男士：右脚掌交叉踏在左脚后；女士：左脚向男士右侧前进。

(7)男士：左脚横步；女士：右脚向男士双脚间前进。

(8)男士：右脚小横步；女士：左脚横步。

(9)男士：左脚向右脚半并步；女士：右脚向左脚半并步。

(10)男士：右脚横步；女士：左脚横步。

注：1~5步是连步，6~10步是绕转，结束时是闭式舞姿。

6. 倒步抛掷

(1)男士：右脚前进；女士：左脚前进。

(2)男士：左脚横步，右手轻推女士，左手向外带领，将女士从身前向左边甩出；女士：右脚横退，左转。

(3)男士：右脚向左脚半并步；女士：左脚经男士身前向前进。

(4)男士：左脚横步；女士：右脚横步。

(5)男士：右脚原地踏一步；女士：左脚原地踏一步。

(6)男士：左脚后退；女士：右脚后退。

(7)男士：右脚前进；女士：左脚前进。

(8)男士：左脚向右脚半并步；女士：右脚向左脚半并步。

第九章 大学生修身塑体之操舞类运动健身方略

第三节 街舞健身

一、街舞基本步伐和动作

(一)基本步伐

(1)踏步。右腿屈膝抬脚,上体收腹向下压。

(2)侧滑步。右腿向右侧跃一步,双臂打开,同时左腿向右跟步侧滑,左腿原地踏步一次,换腿重复上述动作,回到起点。

(3)侧向踏步。右腿屈膝抬脚,向右侧落右腿,上体收腹向下压,同时上体展腹抬起。

(4)开合步。双腿向外跳成分腿屈膝,然后向内跳成合腿。

(5)交叉步。右腿向右侧踏步一次,左腿踏步落在右腿后侧,右腿继续向右侧踏步一次,提左膝,同时前压上体,并步落地。

(6)前侧点步。右脚前点,同时双臂体前直臂交叉;右脚侧点,同时双臂向侧打开。

(二)肢体动作

(1)头转。头转的时候要用手和脚作为动力旋转。

(2)珍妮特转髋。右腿以脚跟为轴,前脚掌向右侧转动,左脚以脚尖为轴脚跟向左侧转动。左脚以脚跟为轴向左侧转动右脚以脚尖为轴右侧动,两脚转动还原成全脚着地。

(3)扣膝转踝。右腿向右侧一步,脚跟顶起向内转动,膝关节向外转,同时右前臂旋,膝向内扣,同时右前臂内旋。

(4)单臂分腿转。该动作要求身体整个做完整的旋转,旋转动作的完成依靠手臂转换完成,一手做圆形的动作而不运用身体的力量,另一只手再做同样的动作。

(5)波浪。由下到上的波浪,以膝开始波浪,经过髋、躯干直到胸部。

(6)倒立手转。用一只手倒立,旋转直到脚着地为止。

二、街舞动作组合练习

(一)组合动作一

1. 第一个 8 拍

(1)步伐

1~2 拍:右脚尖点地两次。

3 拍:右脚向前迈一步。

4 拍:左脚跟上成两脚并立。

5 拍:右脚侧点地,重心改变。

6 拍:收回右脚,左脚侧点地。

7 拍:右脚侧点地,重心改变。

8 拍:右脚收回成并立。

(2)手臂

1~2 拍:右手向侧响指两次。

3 拍:双臂微曲上举。

4 拍:双臂放下后抬起。

5~7 拍:微曲至身体两侧。

8 拍:双臂斜上举。

(3)手形

1~2 拍响指,3~7 拍放松半握拳,8 拍出双手食指 Point。

(4)面向

1~6 拍 1 点,5,7 拍 8 点,6 拍 2 点,8 拍 1 点。

2. 第二个 8 拍

(1)步伐

1 拍:两脚开立半蹲,右肩侧顶。

2 拍:两脚开立半蹲,左肩侧顶。

3 拍:肩带胸顺时针绕环。

4 拍:左脚抬起。

5拍:左脚脚跟点地。

6拍:收左脚出右脚跟点地。

7拍:转身180°。

8拍:抬双肘。

(2)手臂

1~7拍自然垂下身体两侧,8拍抬起至腰间。

(3)手形

1~7拍自然放松,8拍握拳。

(4)面向

1~3拍1点,4~6拍3点,7、8拍7点。

3. 第三个8拍

(1)步伐

1~2拍:脚不动,转体。

3拍:右脚向前迈一步。

4拍:左脚跟上成并步。

5拍:左脚向后迈一步。

6拍:转身180°。

7拍:右脚向后迈一步。

8拍:转身180°。

(2)手臂

1~2拍:两次侧抬肘部,3拍左手微伸出,4~8拍自然摆动。

(3)手形

两手半握或自然放松。

(4)面向

1~5拍1点,6、7拍5点,8拍1点。

4. 第四个8拍

(1)步伐

1拍:右脚跟前点。

2拍:左脚跟前点。

3拍:右脚前半步。

4拍:双脚跟向前转动后收回。

5拍:右脚向后一步。

6拍:左脚向后一步。

7拍:跳跃换脚。

8拍:左脚向前成并脚。

(2)手臂

1～3拍:自然放松。

4拍:向前抬肘并收回。

5～6拍:自然放松。

7拍:从后向前抡右臂。

8拍:自然放松。

(3)手形

双手自然放松。

(4)面向

始终面向1点。

(二)组合动作二

1. 第一个8拍

(1)步伐

1～4拍:侧并步一次。

5拍:右脚前踢并落在正前方。

6拍:脚跟向前转动并收回。

7～8拍:同5～6拍。

(2)手臂

1拍左手胸前,右手侧上指,2拍反方向指一次并还原,3拍轻拍左膝然后向右指,4～8拍自然能摆动。

(3)手形

1～3拍出食指,4～8拍自然放松。

(4)面向

身体始终面向1点。

2. 第二个 8 拍

(1) 步伐

1拍:右脚向后迈一步。

2拍:左脚向后迈一步并收回右脚。

3拍:开立半蹲。

4拍:并脚站立。

5拍:踢左脚。

6拍:踢右脚。

7拍:并脚或交叉站立。

8拍:开立半蹲。

(2) 手臂

1拍放松,2拍微曲向上并手心向上,3拍两侧抬肘,4拍举右臂,5拍伸右臂,6拍自然下放,7拍右臂上举,8拍右手摸地。

(3) 手形

1~8拍:自然放松。

(4) 面向

1~2拍1点,3拍3点,4~8拍1点。

3. 第三个 8 拍

(1) 步伐

1拍:双脚交叉。

2拍:转身。

3拍:右脚后撤一步。

4拍:左脚收回。

5拍:右脚向侧迈一步。

6拍:左脚同。

7拍:右脚向侧迈一步。

8拍:左脚收回。

(2) 手臂

1~4拍自然放松,5拍向左侧上举,6拍右臂相反方向,7拍两手向左指,8拍向右指再回到7拍。

(3)手形

1~4拍自然放松,5~8拍出食指。

(4)面向

1拍2点,2拍8点,3拍2点,4~8拍1点。

4. 第四个8拍

(1)步伐

1~2拍:拍右、左脚依次向后迈一步。

3拍:和1拍相同。

4拍:左脚脚跟点地。

5拍:左脚向前迈一步。

6拍:右脚向左脚前交叉。

7拍:转身。

8拍:收脚站立。

(2)手臂

双臂自然摆动。

(3)手形

双手自然放松。

(4)面向

身体始终朝向1点。

第四节 瑜伽健身

一、瑜伽手印与坐姿

(一)瑜伽手印

瑜伽手印指的是习练瑜伽时手的姿势。一般来说,瑜伽手印主要有四种,每一种姿势习练者都可以做尝试性的练习,熟练这些动作之后对

第九章　大学生修身塑体之操舞类运动健身方略

后续各种体位的学习具有较大的帮助。

1. 智慧手印

智慧手印指的是,大拇指与食指叠加或食指弯曲触摸拇指根部,其他三指自然伸展。在瑜伽文化体系中,拇指代表着个人最高意识,食指则代表着人的自觉性。进行智慧手印的习练能帮助人们快速地进入平和状态,实现自身与整个世界的交融。

2. 能量手印

能量手印指的是无名指、中指和大拇指自然叠加,其他手指自然伸展。通过能量手印的练习,习练者的大脑平衡能够得到很好的调节,习练者能保持良好的心态,增强生活的自信心。

3. 大拇指手印

大拇指手印指的是大拇指、小指、无名指叠加,食指与中指自然伸展。通过大拇指手印练习能在一定程度发展习练者的力量,为参加瑜伽习练奠定良好的基础。

4. 双手合十手印(阴阳平衡手印)

双手合十手印是指双手合掌,手指并拢,两拇指相扣。双手合十手印练习的主要目的在于促使习练者实现身心合一,增强习练者的注意力。

(二)瑜伽坐姿

1. 平常坐姿

(1)准备。坐在地上,伸直两腿。
(2)姿势。屈右腿,脚跟顶住会阴部。屈左腿,放在右脚跟前,与右脚跟对齐。
(3)手位。双手置于两膝上。
(4)体位。头、颈、躯干位于一条直线。

2. 简易坐姿

(1)准备。坐在地上,伸直两腿。
(2)姿势。屈右腿,右脚放在左大腿下;屈左腿,左脚放在右大腿下。
(3)手位。双手置于两膝上。
(4)体位。头、颈、躯干位于一条直线。

3. 莲花坐

(1)准备。坐在地上,伸直两腿。
(2)姿势。弯曲左腿,左脚置于右大腿根部上,足底朝天;弯曲右腿,右脚置于左大腿根部,脚底朝天;脊柱伸直,两膝尽量触地。
(3)手位。双手置于两膝上。
(4)体位。头、颈、躯干位于一条直线。

4. 半莲花坐

(1)准备。坐在地上,伸直两腿。
(2)姿势。弯曲右腿,右脚底靠紧左大腿内侧;弯曲左腿,左脚置于右大腿根部。
(3)手位。双手置于两膝上。
(4)体位。头、颈、躯干位于一条直线。

5. 吉祥坐

(1)准备。直腿并腿坐。
(2)姿势。弯曲左小腿,左脚板顶住右大腿;弯曲右小腿,右脚置于左大腿和左小腿腿肚之间;两脚的脚趾楔入另一腿的大腿和小腿腿肚之间。
(3)手位。两手置于两腿之间的空位处。
(4)体位。头、颈、躯干位于一条直线。

6. 释达斯瓦普鲁坐

(1)准备。双腿并拢且前伸。
(2)姿势。弯曲左膝,做根锁,脚跟紧紧顶住收缩的肛门坐下去;屈右膝,尽量用右脚顶住会阴,主要以左脚跟承受体重。
(3)手位。双手自然置于膝上。
(4)体位。头、颈、躯干位于一条直线。

第九章 大学生修身塑体之操舞类运动健身方略

二、瘦身瑜伽

(一)腹部燃脂

1. 上犬式

(1)习练者选择雷电坐姿,双手放在大腿上,眼睛平视前方,调节呼吸频率。

(2)吸气,上半身向前、向下弯曲,胸部和腹部紧贴大腿,额头点地,两小臂贴在头顶前方的地面上。

(3)呼气,慢慢抬起臀部,上半身向前移动,直到大腿和小腿垂直,翘臀、塌腰,眼睛看前方。

(4)上半身和臀部继续向前移动,两臂伸直,两小腿和两脚背贴地,膝盖以上部位离地,头部和背部向后仰。

2. 云雀式

(1)脚背挺直坐在垫子上,双腿向前并拢伸直,双臂打开,放在身体两侧,双手指尖触地,眼睛平视前方。

(2)吸气,弯曲左膝,左脚脚跟靠近会阴处,右腿向右侧伸直,两手分别放在两膝上。

(3)呼气,上半身向左转动90°,双手放在两侧地面上,头部正对左膝盖的方向,腰部挺直,右脚背贴地。

(4)深吸气,头部和上半身慢慢后仰,胸部和骨盆向前推,双臂向后伸展,慢慢收回手臂和上半身。

(5)选取任意一种舒适的姿势,低头含胸,放松全身。

(二)腰部燃脂

1. 炮弹式

(1)仰卧在垫子上,双腿并拢,双手放在身体两侧,掌心贴在地面上,眼睛看天花板。

(2)吸气,弯曲左腿,双手交叉握住左膝,左小腿腿肚紧贴左大腿后侧。

(3)呼气,双臂用力将左大腿拉向胸部,头部和颈部紧贴地面。

(4)向上抬起头部,鼻尖触碰到左膝,保持 10 秒钟,头部回落,伸直左腿,休息一会儿,换另一侧练习。

(5)头部再次回落地面,伸直右腿,双腿并拢,弯曲双腿。

(6)双臂用力将双腿拉近胸部,同时头部抬起,鼻尖触碰到双膝,保持姿势 10 秒钟,身体恢复到起始状态。

2. 风车式

(1)山式站立,双手放在身体两侧,眼睛平视前方,调整呼吸。

(2)吸气,双腿分开和两肩保持同宽,双臂侧平举,和肩部平行。

(3)呼气,上半身向前、向右扭转,左手撑住双腿中间的地面,右臂向上伸展,眼睛看向右手指尖。

3. 幻椅式

(1)山式站立,吸气,双臂从体侧向头顶方向伸展,双手合十,感觉整个身体都向上无限延伸。

(2)呼气,上半身姿势不变,双腿略微弯曲,继续弯曲双膝,身体重心下移,上半身微微前倾。

(3)身体继续下蹲,感觉自己像坐在一把椅子上,上半身前屈,保持 20 秒,恢复站立姿势。

(三)手臂燃脂

1. 鱼式

(1)选择雷电坐姿,双手自然放在身体两侧,眼睛平视前方。

(2)上半身慢慢前屈,双手撑住膝盖前方的地面,手臂伸直,背部和地面保持平行,两小腿向两侧打开。

(3)吸气,双手撑地姿势不变,身体重心下移,直到臀部完全坐在两小腿之间。

(4)呼气,双手移到两脚跟,上半身慢慢向后弯曲,两小臂和两手肘着地以支撑身体的重量,直到头顶着地。

(5)身体姿势保持不变,向上抬起双臂,双手在胸前合十。

(6)双手向头顶的方向延伸,大拇指和食指触地,保持姿势 20 秒钟。

2. 后抬腿式

(1)俯卧在垫子上,双腿并拢伸直,下巴点地,双手和两个小臂在肩部两侧的垫面上。

(2)吸气,头部和肩部向上抬起,将两个小臂向前移动到双手肘在头部的正下方,向上抬高右腿,右脚尖绷直。

(3)呼气,向上弯曲左膝,左脚脚掌抵住右膝盖,眼睛看正前方,保持姿势 20 秒,放下双腿,换另一边重复动作。

3. 鸳鸯式

(1)挺直腰背坐在垫子上,双腿并拢伸直,双手放在身体两侧,眼睛平视前方。

(2)吸气,左腿伸直不变,右腿向后弯曲,右脚尽量贴近右侧臀部,右脚背贴地。

(3)呼气,向上弯曲左腿,双手托住左脚后跟。

(4)深呼吸,双臂用力,缓慢抬起左小腿,一直到左腿完全伸直。

(5)缓慢放下左腿,伸直右腿,恢复初始姿势,休息一会儿,换另一侧进行练习。

(6)选择一个任意舒适的坐姿,双手拍打腿部,放松身体。

三、塑形瑜伽

(一)美颈瑜伽

1. 犁式

(1)采取平直仰卧的姿势,双手在身体两侧,掌心朝下,做 3~5 个呼吸,双腿并拢,双膝伸直,手掌用力向地面按压,收紧腹部肌肉,双腿离开地面向上举起,直到双腿和躯干呈直角。

(2)双腿向后伸展,直到双脚超过头部,臀部和下背部离开地面,双手托住臀部。

(3)双腿继续向后,缓慢下降,用脚趾触碰地面,弯曲手肘,用上臂支撑躯体的重量,双手扶腰部,指尖朝上,双手收回到身体两侧,双腿伸直,慢慢回到起始动作。

2. 单臂颈部舒展式

(1)双腿盘成莲花坐,脊椎挺直,左手自然垂放在地面,吸气,右臂向上伸直,贴近耳边。

(2)呼气,弯曲右臂,右手放在左耳处,将头部朝右下方压,使头部偏向右肩,体会颈部左侧被拉伸的感觉。

(3)按同样的方法换反方向进行练习。

3. 颈部画圈式

(1)双腿自然盘起,脊椎挺直,双手大拇指相对,其他四指相叠,低头,放松全身。

(2)颈部带动头部缓慢朝右画圈,不要耸肩。

(3)向右转到极限后,休息10秒,再反方向重复动作。

(二)美肩瑜伽

1. 肩部延展式

(1)跪坐在地上,臀部坐在小腿上,背部挺直,双臂放在身体两侧。

(2)屈肘,向上抬起双臂向后被打开。

(3)双手手背放在颈后相贴,保持20秒。

(4)双臂向上举过头顶,双手掌心在头顶处相贴。

(5)保持掌心相贴,双手回到后颈处,双臂夹紧双耳,保持20秒。

2. 展臂后屈式

(1)站立,脊柱挺直,双腿并拢,双手向上伸展,交叉放在头部上方,食指向上方,目视前方。

(2)吸气,双臂和上身同时向后弯曲,呼气,背部弯曲,双腿不动,保持 10 秒,还原身体,恢复站立姿势。

3. 肩旋转式

(1)站立,背部挺直,双臂打开,肘部弯曲,之间轻轻触碰肩部。
(2)吸气,手肘带动整个手臂向上、向后伸展,保持双肩打开。
(3)呼气,双肘带动手臂向下、向前伸展,手肘靠拢,双肩尽量向内收,保持平稳呼吸,回到起始动作。

(三)细腰瑜伽

1. 反斜板式

(1)坐立,双腿并拢伸直,脊柱挺直,双手自然放在臀部两侧。
(2)吸气,脚尖下压,背部挺直向后压,双臂伸直和地面保持垂直,双手指尖朝内,头部后仰。
(3)双臂和双腿伸直,整个身体向上撑起,保持姿势数秒。
(4)呼气,恢复到起始动作。

2. 束角式

(1)坐立,背部挺直,双腿并拢伸直,双手放在身体两侧,指尖触地,脚掌绷直。
(2)脚后跟靠近会阴处,吸气,双手握住双脚。
(3)呼气,身体向下弯曲,依次将头部、下巴靠近双脚,紧贴地面。

3. 三角伸展式

(1)站立,双脚分开略宽,双臂自然垂于体侧。
(2)吸气,双臂侧平举,掌心向下。
(3)呼气,上身向右下方倾斜,右手抓住右脚踝,左手向上伸展,五指张开,面部朝上,眼睛看着左手手指的方向,保持 10 秒,换另一个方向练习。

参考文献

[1]周胜.大学生体质健康指南[M].北京:中国广播影视出版社,2020.

[2]孙强.大学生体育健康与体质管理研究[M].北京:人民体育出版社,2020.

[3]毛振明,于素梅.体育教学评价技巧与案例[M].北京:北京师范大学出版社,2009.

[4]刘胜,张先松,贾鹏.健身原理与方法[M].武汉:中国地质大学出版社,2010.

[5]唐宏贵,钱文军.体育健身原理与方法[M].武汉:湖北人民出版社,1999.

[6]王旭冬.体育健身原理与方法[M].北京:北京体育大学出版社,2008.

[7]国家体育总局.运动健身指南[M].北京:人民体育出版社,2011.

[8]姚鸿恩.体育保健学[M].北京:高等教育出版社,2006.

[9]徐林,王海朕,徐森.大众运动处方[M].北京:中国铁道出版社;北京:中国人口出版社,2014.

[10]刘星亮.体质健康概论[M].武汉:中国地质大学出版社,2010.

[11]张晓玲.健美操教程[M].重庆:重庆大学出版社,2017.

[12]朱晓龙,李立群.健美操[M].杭州:浙江大学出版社,2014.

[13]宋雯.瑜伽教学与实践[M].北京:北京体育大学出版社,2011.

[14]毛亚杰.大学生健康教育[M].北京:北京理工大学出版社,2014.

[15]聂振伟.大学生心理健康教程[M].西安:陕西科学技术出版社,2005.

[16]杨海平,廖理连,张军.实用体能训练指南[M].广州:广东高等教育出版社,2013.

[17]刘宁宁.运动医学与康复保健的理论基础及应用指导[M].北

京:中国纺织出版社,2019.

[18]赵洪波,姜春欣.基于核心素养的学校体育健康教育模式问题析因与优化路径[J].安徽体育科技,2020,41(06):69-72+77.

[19]陈荣,朱林可,罗翊君.学校体育与健康教育融合途径探究[J].上饶师范学院学报,2020,40(06):93-98.

[20]丁增辉.学生体质健康促进下高校体育教学的实践改革研究[J].当代体育科技,2020,10(28):131-133.

[21]朱文墨.学校、家庭、社会协同作用下促进青少年体质健康研究[J].体育风尚,2018(01):28-29.

[22]林秀春.家庭体育促进青少年学生体质健康的策略研究[J].武夷学院学报,2011(05):84-88.

[23]张力.四季养生与体育锻炼[J].中国学校体育,2001(01):57-58.

[24]马恒飞,王千.足球运动健身化[J].体育科技文献通报,2008(01):72-73+76.

[25]刘宁宁,王海,丁剑翘.肌筋膜理论对大学生生活方式健康化的影响[J].山西大同大学学报(自然科学版),2019,35(02):86-88.

[26]朱一.办公室高效健身法——筋膜健身[J].现代养生,2017(23):4-5.

[27]任玉庆.大学生体质健康的特征分析[J].智富时代,2018(11):238.

[28]刘静民,张威,马良.首都女大学生体质健康现状特征研究[J].中华女子学院学报,2020,32(01):123-128.

[29]范爱苓.高职院校大学生身体活动特征及体质健康促进研究[J].才智,2018(28):100.

[30]陈浩.盐城五年制学前专业大学生体质结构特征[J].当代体育科技,2018,8(26):23+27.

[31]廖羽祥,路国华.大学生体质特征研究——以长江大学为例[J].长江大学学报(自科版),2017,14(17):74-80+5.

[32]李小坤,田永周.大学生体质健康现状及问题研究[J].才智,2020(14):87.

[33]万华军,熊巨洋,彭莹莹,贾二萍,黎相麟.健康中国视角下我国大学生健康问题及管理策略[J].医学与社会,2020,33(03):55-58.

[34]贺莎.健康中国视角下大学生健康问题研究[J].智库时代,2018(45):163-164.

[35]吉莹.全民医保背景下大学生医疗保障制度改革研究[D].江苏大学,2010.

[36]杨秀娟.球类健身运动方案对中学生健身效果的实验研究[D].西安体育学院,2010.